ARNO BRABENDER
PETER JANSEN
PETER JOBKE

Experten helfen Referendaren: Die besten Tipps für Unterrichtsbesuche und Lehrproben

Cornelsen

Die Autoren
Arno Brabender war Lehrer für Deutsch, Philosophie und Religion an Gymnasien. Viele Jahre war er als Fachleiter für Deutsch und als Kernseminarleiter im Zentrum für schulpraktische Lehrerausbildung in Engelskirchen (NRW) tätig. Er ist Autor von fach- und allgemeindidaktischen Schriften.

Dr. habil. Peter Jansen war Lehrer für Deutsch und Philosophie und langjähriger Schulleiter am Friedrich-Wilhelm-Gymnasium, Köln. Er ist Herausgeber und Autor fachdidaktischer Publikationen und von Schulbüchern für die Sekundarstufe II.

Peter Jobke war Lehrer für Deutsch und Englisch an der Integrierten Gesamtschule Paffrath in Bergisch Gladbach. Als Fachleiter für Deutsch und als Kernseminarleiter ist er langjährig im Zentrum für schulpraktische Lehrerausbildung in Engelskirchen (NRW) tätig. Er ist Autor von fach- und allgemeindidaktischen Schriften.

Abkürzungen:
ABB/M = Ausbildungsbeauftragte/r / Mentor/in
AL = Ausbildungslehrer/in
AU = Ausbildungsunterricht
LAA = Lehramtsanwärter/in
SAB = Seminarausbilder/in
SchL = Schulleiter/in
SUE = Schriftlicher Unterrichtsentwurf
UB = Unterrichtsbesuch
UNB = Unterrichtsnachbesprechung

Projektleitung: Franziska Wittwer, Berlin
Redaktion: Doreen Wilke, Berlin
Illustration: Klaus Pitter, Wien
Umschlagkonzept: Kerstin Zipfel, München
Gesamtgestaltung: LemmeDESIGN, Berlin

www.cornelsen.de

1. Auflage 2016

Druck: CPI – Clausen & Bosse, Leck

978-3-589-15808-9

Inhalt gedruckt auf säurefreiem Papier aus nachhaltiger Forstwirtschaft.

Unterstützer gewinnen, Störungen vermeiden und Konfliktpotenziale verringern

Am Tag des Unterrichtsbesuchs – Ihr gelungener Auftritt

Letzte Klippen vor dem UB umschiffen

Unerwartetes während des UB gering halten

(K)ein Sonderfall – Unterrichtsbesuche durch den Schulleiter

Die in diesem Band abgebildeten Kopiervorlagen können Sie auch im Internet auf unserer Webseite **www.cornelsen.de** finden. Geben Sie dafür die **ISBN-Nummer** Ihres Titels im **Suchfeld** ein und klicken Sie anschließend auf das im Fenster erscheinende Cover. Hier finden Sie im linken Navigationsbereich den Reiter **Download,** wo Sie die Kopiervorlagen abrufen können.

Vorwort

Unterrichtsbesuche erfolgreich vorbereiten, durchführen und nachbereiten

Oft werden angehende Lehrer während des Studiums überhaupt nicht oder nur minimal auf diese Situation vorbereitet: Unterrichtsbesuche durch Seminarausbilder, durch den Schulleiter oder dessen Beauftragten stellen Lehramtsanwärter vor große Herausforderungen in Sachen Sachkompetenz, Selbstkompetenz und Sozialkompetenz. Nicht selten wachsen die Belastungen vor und nach Unterrichtsbesuchen noch im Laufe der Ausbildung bis hin zum Prüfungstag. Ängste, Selbstzweifel und Ärgernisse potenzieren sich dabei manchmal und erschweren eine entspannte Vorbereitung. Je organisierter und reflektierter Sie jedoch an Unterrichtsbesuche und Nachbesprechungen herangehen, desto besser gelingen Ihnen diese.

Nicht nur zu Beginn der Lehrerausbildung oder des Schulpraktikums („Praxissemester") sind sich viele Junglehrer noch sehr unsicher. Sie gelangen aus der Rolle des Studenten plötzlich hinein in die des Lehrenden. Diese Rolle des Lehrenden müssen Sie aber erst noch lernen, d. h., Sie müssen lernen, Ihren Unterricht didaktisch-methodisch als Lehr-Lern-Prozess zu planen[1]. Und in dieser Lernsituation kündigt sich schon rasch der erste Unterrichtsbesuch an, in dem Sie zeigen sollen, was Sie als Lehrender (bereits) können. Wie Sie diese Situation und die Vielzahl von Besuchen, die Ihnen im Laufe der Ausbildung noch bevorstehen, zunehmend besser bewältigen können, ist Thema dieses Buches. Und dazu finden Sie auf den folgenden Seiten konkrete Hinweise von erfahrenen Seminarausbildern. Die Fragen, die hier aufgeworfen und beantwortet werden, sind authentisch und treten immer wieder auf. Sie fokussieren nicht so sehr das rein Organisatorische, sondern thematisieren vor allem auch das Konfliktpotenzial sowie die Verletzungen, die sich oft im Zusammenhang mit Unterrichtsbesuchen und -nachbesprechungen ergeben. Wir wollen Sie mit unseren Anregungen und Tipps in Ihrer Selbst- und Sozialkompetenz und so in Ihrer Präsentationskompetenz stärken.

Fachleitern läuft gelegentlich der Ruf nach, notorische Kritiker und Besserwisser zu sein. Nicht zufällig kursiert im Internet die folgende Anekdote:

Himmlische Nachbesprechung

Wider Erwarten seiner Referendare kommt der Fachleiter nach seinem Ableben in den Himmel, wo er ungefragt Gott sofort in ein Gespräch über das Universum verwickelt. „Nun, wie schätzen Sie im Nachhinein Ihr Werk ein, wo sehen Sie Stärken und Schwächen?", fragt der Fachleiter bohrend. Gott sieht sich um, betrachtet Himmel und Erde und sagt: „Nun, ich denke, alles ist mir recht gut gelungen!" Darauf lächelt der Fachleiter milde und erwidert: „Nun ja. Man merkt, dass Sie noch ein Anfänger sind. Gut – der Einstieg mit dem Urknall war sicher motivierend und zündend. Dann war allerdings ein paar Milliarden Jahre das Stundenziel nicht

1 Wie Unterricht kompetent geplant werden kann, ist jedoch nicht Thema dieses Buches. Wichtige Anregungen dazu finden Sie z. B. in unserem „Erste-Hilfe-Koffer: Unterricht planen", Cornelsen 2014.

bekannt. Die Sterne hätte man durch verschiedene Farben stärker hervorheben können. Die Menschen als wichtigsten Unterrichtsgegenstand haben Sie viel zu spät eingeführt. Überhaupt hätte ich mir insgesamt mehr Schwung erwartet … und fertig geworden sind Sie auch nicht!"
http://www.referendar.de/forum/viewtopic.php?t=7501

Wie gesagt, steht in diesem Band nicht die *Planung* einer konkreten Unterrichtsstunde im Vordergrund, sondern der Unterrichts*besuch* – eine besondere Situation, die systemisch orientiert ist an den oftmals konkurrierenden Anforderungen und Verhaltensweisen der am Unterrichtsbesuch Beteiligten im komplexen Spannungsfeld zwischen Seminar und Schule, zwischen didaktisch-methodischer Planung und Präsentation im Unterricht, zwischen Sachansprüchen und Beziehungsaspekten, zwischen Beratung und Benotung, zwischen Unterrichtsrealität und Prüfungssituation.

In der Lehrerausbildung werden Sie vom Seminar reichlich mit Informationen und Fachliteratur versorgt. Daher sollen Sie auf den folgenden Seiten von theoretischen Erörterungen weitgehend verschont bleiben. Unser vorrangiges Anliegen ist es, Ihnen konkrete Hilfen für Unterrichtsbesuche aus der Praxis für die Praxis zu geben. Die Reihenfolge der Fragestellungen ist so gewählt, dass Sie sich leicht orientieren können.

Gehen Sie Ihre Unterrichtsbesuche mit viel Mut und Selbstbewusstsein, aber auch mit großer Lernbereitschaft an. Warten Sie nicht, bis sich Enttäuschungen und Frustrationen angestaut haben, sondern suchen Sie zeitnah das Gespräch mit anderen Lehramtsanwärtern und mit Ihren Ausbildern an Schule und Seminar.

Wagen Sie auch das – kalkulierte! – Experiment bei Unterrichtsbesuchen, wenn Sie dafür gute Gründe haben. Aber sprechen Sie ein solches Vorhaben vorher mit Ihrem Fachleiter und auch mit Ihrem Ausbildungslehrer ab. Und noch eins: Lassen Sie sich von Fehlern, Rückschlägen und Kritik nicht unterkriegen. Diese gehören zum „Lerngeschäft". Die Beziehung zwischen Ausbildern und Auszubildenden beginnt nicht erst in der Beobachtungs- und Prüfungssituation, sondern wird während der Ausbildung in den Seminaren schon grundgelegt. Begegnen Sie Ihren Ausbildern mit Respekt, aber bringen Sie in geeigneter Weise auch berechtigtes Unbehagen zum Ausdruck. Trotz immer wieder sich meldender negativer Stimmen ist das Referendariat in der Regel nicht die „Hölle". Vielen nachträglichen Rückmeldungen kann man entnehmen, dass es eine zwar intensive, aber auch gewinnbringende und sogar schöne Lernzeit gewesen ist.

Wir wünschen Ihnen gutes Gelingen bei all Ihren Unterrichtsbesuchen, nach Möglichkeit mithilfe dieses Bandes!

Arno Brabender, Peter Jansen und Peter Jobke

Aus Gründen der besseren Lesbarkeit verwenden wir nur die männliche Form der Ansprache. Natürlich sind weibliche Adressaten immer mit angesprochen. Wir bitten um Ihr Verständnis.

1 Wann sollte ich mit der Planung für einen UB beginnen und wie früh sollte ich einen UB-Termin vereinbaren?

▶ 2
▶ 3

Zu Beginn der Ausbildung sollten Sie so früh wie nur möglich den ersten UB vereinbaren.

- Beginnen Sie mit dem Unterrichtsfach, in dem Sie sich am sichersten fühlen.
- Sie lernen Ihren SAB schnell kennen und können sich mit seinem „Stil“ früh vertraut machen.
- So bekommen Sie schnell Anerkennung, aber auch die notwendige Beratung für die richtige Weichenstellung am Anfang. Lange hinauszögern bringt nichts, dadurch wird die Hemmschwelle nur größer.
- Ein früher UB trägt auch dazu bei, dass sich „Fehler“ in der Unterrichtsgestaltung und -führung gar nicht erst verfestigen.
- Im weiteren Verlauf der Ausbildung haben Sie oft gar nicht die große Wahl in Bezug auf die Terminsetzung. Oft bekommen Sie auch Vorgaben hinsichtlich der Verteilung der Besuche.
- Wichtig ist jeweils eine vorausschauende Planung der Unterrichtsreihen. Ohne ein solches Gerüst den Unterricht von Tag zu Tag zu planen, geht gar nicht. Steht Ihre Reihenplanung bzw. die Ihres AL, können Sie sich die interessantesten Stunden für UBe herauspicken und frühzeitig mit der Detailplanung beginnen.
- Beraten Sie sich früh genug – auf jeden Fall vor der Einladung des SAB – mit Ihrem AL.
- Prüfen Sie im Terminplan der Schule und der Klasse, ob der Tag für den UB überhaupt geeignet ist (keine Ferien, keine Schulfahrten/Exkursionen, keine Klassenarbeiten/Klausuren, keine …, sondern normaler [!] Unterricht).
- Es ist also lohnend, auf eine frühe Terminvereinbarung zu setzen. Dabei sollten Sie stets auch Ausweichtermine bereithalten, denn oft hat Ihr SAB seinen Terminkalender zum Wunschtermin schon besetzt.
- Suchen Sie also beizeiten das Gespräch mit Ihrem SAB und fragen Sie ihn, was er für einen ersten Unterrichtsentwurf erwartet. Meist beschränkt sich beim ersten UB die schriftliche Planung lediglich auf ein Stundenziel und die Verlaufsplanung.

Zum Weiterlesen:

○ *Brabender, Arno / Jobke, Peter (2014): Erste-Hilfe-Koffer: Unterricht planen. To-dos, Checklisten, Vorlagen. Cornelsen Scriptor: Berlin.*

2 Was muss ich bei der Organisation für den Unterrichtsbesuch alles beachten?

Nach der Terminierung bleibt die Organisation des Besuchstages selbst. Die Beantwortung folgender Checkfragen ist in diesem Zusammenhang hilfreich:

- Sind alle beteiligten Personen (rechtzeitig) informiert worden (Lerngruppe vorbereitet, SAB, AL, ABB, SchL, Mitreferendare, sofern sie teilnehmen oder aber eine Aufgabe in der Organisation übernehmen sollen)? Ist für die Besucher ein Treffpunkt vereinbart?
- Gibt es Besonderheiten (z. B. Klausuren), aus denen Störungen erwachsen könnten?
- Sind die schulischen Vereinbarungen über die Information zu einem UB eingehalten worden (z. B. Aushänge an der Info-Tafel)?
- Verfügt der angestammte Klassen- bzw. Kursraum über alle technischen Möglichkeiten, die das Stundenkonzept erfordert? Sind eine funktionierende Tafel, ein leistungsstarker OHP, ein Beamer vorhanden? Können fehlende Gerätschaften/Medien eventuell dafür besorgt werden (ggf. auch als Ersatz). Ist eine gute Verdunkelungsmöglichkeit gegeben? Ist alles schon richtig ausgerichtet?
- Haben Sie sich über die Sitzordnung und die angemessene Bestuhlung für die Besucher Gedanken gemacht?
- Muss ggf. ein Raumwechsel angedacht werden? Wann ist ein anderer Raum zu organisieren (z. B. aus Platzgründen, wegen der Geräte, Verdunkelungsmöglichkeit)?
- Wo kann die UNB ungestört stattfinden (kleineren Raum hierfür rechtzeitig bei der entsprechenden Stelle reservieren, unbedingt Durchgangszimmer meiden)?
- Haben Sie ein Blatt „Unterrichtsbesuch/Unterrichtsnachbesprechung. Bitte nicht stören!“ für die Türen der Räumlichkeiten vorbereitet?
- Haben Sie eine Liste für alle Unterrichtsmaterialien erstellt?
- Besteht die Möglichkeit, unauffällig auf eine (Wand-)Uhr zu blicken? Wenn nicht, für Ersatz sorgen (z. B. kleiner Wecker auf dem Lehrerpult).
- Besteht die Möglichkeit, ein Getränk (Wasser, Kaffee …) für die UNB bereitzuhalten (hier evtl. die Mitreferendare um Hilfe bitten)? Diese meist übliche Bewirtung sollte im Rahmen dessen bleiben, was örtlich gängig ist. Auf keinen Fall sollte die UNB zu einem Picknick ausarten, für das Sie das Catering übernehmen müssen. Wo derart begehrliche Tendenzen auf Ausbilderseite bestehen (offenbar nach „Gutsherrenart“), sollten Sie gemeinsam mit Mitreferendaren ein Forum (z. B. die Seminarleitung) suchen, wo dies kritisch zum Thema gemacht werden kann. Es geht schließlich um eine Facette des nüchternen Ausbildungsbetriebs und nicht um eine Kaffeefahrt.

3 Ist der erste UB genauso wichtig oder weniger bedeutend als die folgenden?

▶ 2
▶ 4
▶ 6

Ja und nein. Er ist insofern weniger wichtig, als er in der Regel unbenotet bleibt und ausschließlich der Beratung dient. Da Sie gerade erst am Beginn Ihrer Ausbildung stehen, gelten sozusagen „mildernde Umstände“. Auf der anderen Seite gilt natürlich schon ein wenig der Satz: „Der erste Eindruck zählt.“

- Für einen ersten Eindruck braucht es nur eine Zehntelsekunde – und er ist meist prägend, wie Studien zeigen. Dabei macht es oft keinen großen Unterschied, ob man eine Person nur wenige Sekunden sieht oder sie eine Unterrichtsstunde lang beobachtet. Denn der erste Eindruck verändert sich in der Regel nicht bedeutend. Hat ein Beobachter mehr Zeit zur Einschätzung, ändert sich aufgrund mehrerer Indikatoren meist lediglich die Sicherheit, mit der er sein Urteil fällt.
- Vor allem zählt die meist unbewusste Einschätzung, ob das Gegenüber vertrauenswürdig und sympathisch oder aber aggressiv und hinterhältig ist. Dies hat evolutionäre Gründe: Freund von Feind schnell und sicher unterscheiden zu können, half in Gefahrensituationen.
- Die zweite Einschätzung hingegen zielt auf den sozialen Status des anderen: Ist mir der bislang Unbekannte überlegen/unterlegen, ist er stark/schwach, dominant/unterwürfig, kompetent/inkompetent? Denn das ist die zentrale Frage: Lohnt sich der Kontakt?
- Daher: Suggerieren Sie Vertrauenswürdigkeit und angemessene Vertrautheit. Dazu helfen eine freundliche, einladende Geste, ein offener Blickkontakt und ein authentisch wirkendes Lächeln.
- Hinzu kommt, dass unwillkürlich anhand äußerlicher Merkmale auf das Wesen eines Menschen geschlossen wird. Nach einer vielzitierten und 1971 veröffentlichten Studie des amerikanischen Psychologen Professor Albert Mehrabian ist der Inhalt des Gesagten nur zu sieben Prozent für den ersten Eindruck maßgeblich – die restlichen 93 Prozent entfallen auf die Körpersprache (Körperbau, Bewegungsabläufe, Haltung, Gang, Gestik, Mimik, Distanzverhalten), die Kleidung (Qualität, Stilrichtung, Passform, Farbe), die Sprache (Stimmlage, Klang, Modulation, Lautstärke, Dialekt, Wortwahl) und den Geruch (Parfüm, Körpergeruch).
- Danach wird – bereits nach drei bis fünf Sekunden – die Informationssuche zunächst eingestellt. Das Urteil steht erst einmal fest und die Person wird entweder als authentisch und sympathisch eingeschätzt oder sie hat schlechte Karten, etwa wegen unpassender Kleidung, eines zu laschen Händedrucks, fehlenden Blickkontakts bei der Begrüßung, oder was immer es auch sei. Denn immer dann, wenn das Aussehen oder das Verhalten nicht den Erwartungen entspricht, ist die Chance für einen guten ersten Eindruck vertan.
- Jedoch ist es mit dem einen Mal noch nicht getan. Damit allein ist die Gunst des Gegenübers noch nicht gewonnen. Nur wer auch bei jeder weiteren Begegnung einen guten Eindruck hinterlässt, überzeugt.

Bei einem professionellen Beobachter wie bei Ihrem SAB steht jedoch erst einmal Ihre prinzipielle Eignung für den Lehrerberuf auf dem Prüfstand:

- Können Sie – auch unter Beobachtung – vor Gruppen auftreten?
- Können Sie Kontakt zwischen sich und der Lerngruppe herstellen?
- Wie schaut es mit Ihrer Kommunikationsfähigkeit aus?
- Bringen Sie die notwendigen fachlichen Voraussetzungen mit?
- Können Sie im Großen und Ganzen den Organisationsrahmen einer Unterrichtsstunde strukturieren?

Machen Sie sich aber vor Ihrem ersten UB nicht verrückt, sondern versuchen Sie, sich darauf zu freuen. Schließlich tun Sie nun endlich das, was Sie schon immer tun wollten – nämlich Unterricht erteilen. Ihr SAB weiß vermutlich besser als Sie, wie ein erster UB einzuschätzen ist, und wird auch diesem ersten Eindruck keine endgültige Bedeutung beimessen.

4 Welche Bestandteile sollte ein erster Entwurf aufweisen und wann sollte eine Planung vollständig vorliegen?

Die meisten Seminare haben hierzu ein Konzept. In der Regel wachsen die Ansprüche an den Entwurf mit dem Ausbildungsstand. Daher sollten Sie sich unbedingt über die konkreten Vorstellungen an Ihrem Seminar und bei Ihrem SAB informieren und diese dann auch beachten.

Hier nur eine Checkliste einiger grundlegender Kriterien, die Sie bei Ihrem Planungsentwurf bedacht haben sollten:

- Ist die Unterrichtsplanung nachvollziehbar und für die Klasse innerhalb der Unterrichtseinheit angemessen?
- Sind die Begründungen für die Stoffauswahl und für die Methodenwahl plausibel?
- Wird das Thema der Stunde bzw. des Unterrichtsvorhabens mit einem erkennbaren didaktischen Schwerpunkt als relevante, interessante Frage- bzw. Problemstellung formuliert?
- Ist die Hauptintention des Unterrichtsvorhabens klar benannt?
- Sind die fachlichen Ziele der Stunde ausgewiesen?
- Kennen die Schüler das Ziel? Ist das Verhältnis von Kompetenz- und Wissenszuwachs geplant?
- Sind die Inhalte fachlich korrekt? Wird eine stoffliche Überfrachtung vermieden?
- Ist die Reduktion des Stoffes pädagogisch und fachlich vertretbar?
- Werden die Lernvoraussetzungen der Schüler beachtet? Sind evtl. die (unterschiedlichen) Lernvoraussetzungen der Schüler hinsichtlich der Beschäftigung mit dem Lerngegenstand für die geplante Stunde berücksichtigt (Vorkenntnisse, Motivation, soziale Interaktion in der Lerngruppe, methodische Fähigkeiten …)?
- Ist die Übertragbarkeit für die Schüler gegeben? Wie wird der Stoff von den Schülern erarbeitet?

- Ist die Stoffanordnung im Stundenablauf gelungen? Sind die Schnittstellen der Stunde erkennbar („rund“, Spannungsbogen …)?
- Ist der Einstieg der Klasse und dem Stoff entsprechend gewählt?
- Ist die Darstellung des Unterrichtsverlaufs gut verständlich?
- Wird die Unterrichtsstunde hinreichend gegliedert?
- Ist in der Abfolge der einzelnen Unterrichtsschritte eine Lernprogression erkennbar?
- Werden die Übergänge zwischen den einzelnen Unterrichtsschritten funktional gestaltet?
- Werden möglichst viele Schüler aktiv am Unterrichtsgeschehen beteiligt?
- Erfolgt eine Sicherung, eine Evaluation bzw. eine Lernzielkontrolle?
- Gibt es im ersten schriftlichen Unterrichtsentwurf ein Deckblatt, Ausführungen zum Stundenziel („Kernanliegen“), einen Verlaufsplan und Anlagen (Arbeitsblätter, Materialen, Arbeitsaufträge, Tafelbilder, Quellenangaben …)?

Was Sie für den ersten schriftlichen Unterrichtsentwurf noch beachten sollten:

- Idealerweise, und nicht nur für den ersten UB, beginnen Sie mit der schriftlichen Planung ein bis zwei Wochen vor dem Besuchstermin. Nur so erreichen Sie die notwendige Präzision/„Planungstiefe“. Last-Minute-Entwürfe sind ein No-Go!
- Beziehen Sie Ihren AL früh genug in die Planung ein. Sie erhalten so meist wertvolle Hinweise für Inhalt und Form!
- Jeder Teilnehmer am UB erhält ein Exemplar des Entwurfs. Um Pannen aus dem Weg zu gehen, sollten die notwendigen Kopien ein bis zwei Tage vor dem Besuch erstellt werden. Unterschätzen Sie nicht den Arbeitsaufwand fürs Ausdrucken, Kopieren und Heften.
- Viele SAB möchten den schriftlichen Unterrrichtsentwurf bereits am Vortag per E-Mail erhalten. Das ist sinnvoll, denn so können sie sich gezielt auf den UB vorbereiten. Dann darf der Unterrichtsentwurf aber auch nicht erst am Abend vorher gemailt werden.

5 Kann ich außerhalb der benoteten UBe einen ganz unbewerteten Beratungsbesuch mit dem SAB vereinbaren?

Dies ist im Prinzip denkbar und bedarf der vorherigen Anfrage oder Absprache mit Ihrem SAB.

Vor allem bei Problemen mit der Lerngruppe kann ein solcher Beratungsbesuch hilfreich sein, oder auch nach bereits erfolgter Beurteilung kurz vor der Prüfung. Scheuen Sie sich nicht, eine solche Anfrage zu stellen – mehr als eine Absage können Sie nicht bekommen.

Zur Unterstützung der Beratungstätigkeit können Sie dem SAB folgenden Bogen mit den von Ihnen gewählten Schwerpunkten ausgefüllt vor Beginn Ihrer Hospitationsstunde aushändigen. Ihre Angaben helfen, die Beobachtungen während des UB zu fokussieren und im nachfolgenden Beratungsgespräch einen geeigneten Schwerpunkt zu setzen.

Beratungsbogen für Unterrichtsbesuche

Das heutige Beratungsgespräch soll aus meiner Sicht als Referendar/in

- ○ an das letzte Beratungsgespräch anknüpfen. Es handelt sich dabei um folgenden Schwerpunkt:

  ____

  ____

- ○ an die Seminarveranstaltung mit folgendem Themenschwerpunkt anknüpfen:

  ____

- ○ an folgenden persönlichen Arbeitsschwerpunkt anknüpfen:

  ____

- ○ an folgenden Beratungsschwerpunkt meines Ausbildungslehrers/meiner Ausbildungslehrerin anknüpfen:

  ____

- ○ Bitte achten Sie in der heutigen Stunde besonders auf …

  ____

  ____

  ____

  ____

6 Worauf wird bei einem UB besonders geachtet? Auf welche Beobachtungskriterien muss ich besonders achten?

Unterrichtsbesucher haben unterschiedliche Vorlieben bei der Unterrichtsbeobachtung. Mancher „sieht" mehr durch die inhaltliche, ein anderer mehr durch die sozial-emotionale, ein Dritter mehr durch die „Leitungsbrille". Trotz aller „objektiven" und möglicherweise auch transparent gemachten Beobachtungskriterien interpretieren und bewerten Personen das Gesehene nach unterschiedlichen Deutungsmustern, also subjektiven Faktoren, die häufig der beruflichen Vergangenheit des Beobachters entstammen: Manchen „nervt" die kleinste Unterrichtsstörung, ein anderer schließt schon von kleinen Irrtümern auf „fachliche Inkompetenz", ein Dritter schaut fast nur auf die Lehrerpersönlichkeit. SAB setzen sich, auch bedingt durch Ihre berufliche Rolle, sozusagen verschiedene „Brillen" auf:

	Beispiele
Die inhaltliche Brille	○ fachliche Relevanz und sachliche Richtigkeit der Unterrichtsinhalte ○ inhaltlicher Schwierigkeitsgrad und Ertrag ○ sachlogischer Aufbau der Stunde ○ Zusammenhang zur Unterrichtsreihe ○ Bildungswert der Inhalte (Gegenwarts- und Zukunftsbedeutung für die Schüler …)
Die formale Brille	○ Ablauf und Struktur der Stunde ○ Eignung eingesetzter Medien und adäquater Umgang ○ fachdidaktische Methoden (Textarbeit, Schüler-/Lehrerexperiment …) ○ Sozialformen des Unterrichts (Frontalunterricht, Einzelarbeit, kooperative Lernformen …)
Die interaktive Brille	○ Gesprächsführung: Unterrichtsgespräch, fragend-entwickelnd, impulssetzend … ○ Schüler-Schüler-Interaktion: Schülervortrag, Schüler-Schüler-Diskussion … ○ Kommunikation in Schülergruppen ○ Nonverbale Interaktion
Die sozial-emotionale Brille	○ Unterrichtsatmosphäre, Lernklima ○ Wertschätzung der Schüler und ihrer Leistungen, Lob und Verstärkung ○ affektive Ziele und Lernprozesse ○ Motiviertheit, „Begeisterung" für die Sache bei Lehrer und Schülern ○ Lehrperson als „Vorbild"
Die Leitungsbrille	○ Prozessregulation durch den Lehrer ○ Steuerungsfähigkeit ○ Durchsetzungsvermögen ○ Umgang mit Störungen ○ Annahme der Lehrerrolle

- Daher ist es wichtig, dass Sie bei Ihrer Planung und bei der Durchführung des UBs auch selbst diese Brillen aufsetzen; denn so können Sie erkennen, wo eventuell noch Fehler, Schwächen oder Defizite auftreten können.
- Es ist natürlich sinnvoll, dass Sie den SAB auch selbst daraufhin beobachten, welche Brille/Brillen er hauptsächlich aufsetzt, und dies bei Ihrer Planung und Durchführung berücksichtigen.
- Da alle diese Brillen wichtige Aspekte des Unterrichtens in den Blick nehmen, „verbiegen" Sie sich nicht, wenn Sie die Brille(n) Ihres SAB für den UB besonders berücksichtigen.

7 Wie bereite ich meine Lerngruppe auf einen UB vor?

- Schwören Sie Ihre Schüler nicht auf den bevorstehenden UB ein! Die Vorführstunde sollte ein möglichst authentisches Erlebnis sein und alltagsnah – keine künstlich anmutende Vorführstunde.
- Verzichten Sie auf Appelle und Ermahnungen, versprechen Sie auch keine Belohnungen. Bitten Sie die Lerngruppe, absolut pünktlich zu sein.
- Teilen Sie der Lerngruppe altersentsprechend mit, dass es eine besonders gut vorbereitete Stunde geben wird.
- Machen Sie deutlich, dass Sie von Ihren Schülern beim UB Interesse, konzentrierte und aktive Mitarbeit erwarten. Lerngruppen mit gutem Lernverhalten müssen daher nur dazu ermuntert werden, sich wie üblich zu verhalten. Bei unruhigen und eher passiven Lerngruppen ist die Aufforderung zur gewünschten intensiven Mitarbeit aber angebracht. Transparenz hinsichtlich Ihres Status als LAA sollten Sie sowieso schon geschaffen haben: Die Schüler kennen sich in der Regel mit UBen aus.
- Teilen Sie Besonderheiten mit, z. B. anderer Raum, veränderte Sitzordnung.
- Auf jeden Fall sollten Sie dafür sorgen, dass die Schüler zu Beginn des UBs ihr Vorwissen aus der Vorstunde zeigen können. Und gehen Sie auf von Ihnen gestellte Hausaufgaben auch ein. Wenn Sie dies beim UB nicht vorhaben, dann stellen Sie auch keine Hausaufgaben. Stellen Sie sicher, dass ggf. gestellte, vorbereitende Hausaufgaben auch wirklich angefertigt werden. Sorgen Sie dafür, dass die Schüler für diesen UB unbedingt den Klassenraum sauber halten und die Tafel gereinigt ist.

8 Ist es sinnvoll, in einer schwachen Lerngruppe einen UB zu zeigen?

- „Schwache" Lerngruppen gibt es nun einmal.
- Aber Vorsicht: Nicht jedes unkonzentrierte Verhalten macht die Lerngruppe schon schwach und einzelne Störungen machen die Lerngruppe nicht schon schwierig. Hüten Sie sich vor vorschnellen Beurteilungen und beraten Sie sich mit Ihrem AL.
- Wenn Sie sich in problematischen Klassen erproben, werden Sie in Ihrer Ausbildung auch profitieren. Allerdings muss dies nicht gleich zu Beginn Ihrer Ausbildung sein.
- Dabei sollten Sie allerdings dafür sorgen, dass Sie Hilfen von „gestandenen" Lehrern erhalten.
- Ob Sie einen UB in einer schwierigen Lerngruppe vereinbaren wollen, sollten Sie sich jedoch gut überlegen; denn UBe haben zwar auch eine beratende Funktion, sind jedoch eine Beurteilungssituation. Überlegen Sie gut, ob Sie mit Ihrem SAB über diese besondere Situation im Vorhinein ein offenes Gespräch führen können.

- Wenn Sie dann nach einiger Zeit und einem offenen Gespräch einen UB vereinbaren, können Sie sehr gut zeigen, wie Sie mit „schwierigen Schülern“ umgehen, wie Sie differenzieren und individuell fördern können.
- Oft sind weniger leistungsstarke Lerngruppen auch dankbarer als andere und wissen Ihren Einsatz besser zu würdigen – auch und vor allem beim UB.

9 Ich habe einen UB in einer achten Klasse fest vereinbart. Leider sind die Disziplinprobleme so eskaliert, dass ich den UB beim SAB absagen möchte. Geht das?

▸ 7
▸ 8
▸ 10

- Im Zweifelsfall ist das möglich: Erläutern Sie Ihrem SAB genau Ihre Gründe. Andererseits ist die Absage eines bereits vereinbarten UBs immer peinlich und ein Ärgernis. Daher sollten Sie sich gut überlegen, ob Sie einen solchen Schritt machen wollen, ob Ihre Gründe wirklich überzeugend sind.
- Die offensivere Variante wäre also, den SAB über die Disziplinprobleme zu informieren und zu erläutern, welche Maßnahmen Sie bereits eingeleitet haben.
- Dazu gehört vor allem, Regeln für einen respektvollen Umgang miteinander zu etablieren. Schimpfen, Brüllen und Drohen Ihrerseits verschärfen den Konflikt.
- Vergewissern Sie sich beim Klassenlehrer, ob solche Umgangsregeln nicht schon eingeführt worden sind.
- Erinnern Sie immer wieder an die Umgangsregeln. Und bitten Sie auch die Kollegen, die in der Klasse unterrichten, Sie bei der Einübung dieser Regeln zu unterstützen.
- Regeln Sie im Vorfeld Disziplinprobleme mit Ruhe, aber sehr bestimmt – wo möglich, auch nonverbal.
- Verstärken Sie positives Verhalten mit Lob.
- Führen Sie Einzelgespräche mit auffälligen Schülern.
- Bitten Sie Ihren SAB, während des UBs auch das Schülerverhalten zu beobachten und Sie im Anschluss an den UB hinsichtlich weiterer präventiver und korrektiver Maßnahmen zu beraten.
- Abgesehen davon, dass Sie von der Beratung des SAB direkt profitieren können, müsste es so doch gelingen, einer schlechteren Benotung der Stunde zu entgehen.

Zum Weiterlesen:

- *Peter Jansen (2014): Erste-Hilfe-Koffer: Unterrichtsstörungen beseitigen. To-dos, Checklisten, Vorlagen. Cornelsen Scriptor: Berlin.*

10 Kann ich dafür sorgen, dass Schüler, die immer stören, beim UB nicht dabei sind?

- Fragen Sie sich lieber, ob Sie die Herausforderung annehmen wollen, die immer auch die Chance birgt, sich als erzieherisch gewappnet zu zeigen.
- Für den ersten UB sollten Sie eine schwierige Klasse nicht wählen. Mit wachsender Sicherheit, d.h. vor allem wachsendem Stehvermögen vor der Lerngruppe, wird es Ihnen dann eher gelingen, die „störenden" Schüler präventiv zu berücksichtigen und im gegebenen Fall planvoll zu reagieren.
- Manchmal arbeiten Dauerstörer bei UBen am besten mit. Oft hören Sie sich selbst gerade vor Fremden gern reden und freuen sich anschließend über ein Lob.
- Daher ist eher davon abzuraten, schwierige Schüler vom Unterricht auszuschließen; denn dies könnte als eine „verkappte" Ordnungsmaßnahme verstanden werden und zusätzliche Schwierigkeiten aufwerfen – die Klasse ist verunsichert, der Schüler fühlt sich ungerecht behandelt, die Eltern könnten intervenieren …
- Suchen Sie lieber das Gespräch mit dem schwierigen Schüler, mit den anderen Lehrern der Klasse, und suchen Sie nach Möglichkeiten, die Unterrichtsstörungen zu beseitigen.
- Sollten Sie dennoch zu dem Entschluss gelangen, den Störer beim UB nicht dabei haben zu wollen, versorgen Sie ihn rechtzeitig mit Aufgaben (möglichst zum Stundeninhalt) und lassen Sie ihn die Zeit in einer anderen Lerngruppe verbringen. Natürlich müssen Sie das vorher mit dem zuständigen Kollegen abgesprochen haben.

11 Soll ich meiner Lerngruppe eine Belohnung versprechen, wenn sie sich beim UB besonders positiv verhält?

Von solchen Belohnungsversprechen ist grundsätzlich abzuraten:

- Einmal ist es prinzipiell ein unpädagogisches Mittel, denn Leistungsbereitschaft sollte als Selbstverständlichkeit vorausgesetzt werden und nicht durch Bestechung zustande kommen. Bedenken Sie außerdem, dass die „Preise" für Belohnungen von entsprechend verwöhnten Lerngruppen immer mehr in die Höhe getrieben werden könnten.
- Weiterhin kann es nicht in Ihrem Interesse sein, eine reine Schau- oder Vorführstunde zu veranstalten. Vielmehr sollte der UB dem Unterrichtsalltag schon weitgehend entsprechen, damit Sie von der Beratung Ihrer Unterrichtsbesucher im Hinblick auf Ihre weitere Ausbildung, auf die Examensprüfung und natürlich auf Ihre spätere Praxis profitieren können.
- Wenn Sie also auf ein solches Ansinnen in Ihrer Lerngruppe stoßen, argumentieren Sie sachlich dagegen. Stellen Sie fest, dass Sie sich auf diese Stunde besonders gut vorbereiten, eventuell auch, dass Sie sich freuen, gerade in dieser Klasse Ihren UB durchzuführen.

- Im Übrigen ist ein Feedback nach dem UB wichtig. Und wenn es dann ein angemessenes Lob geben sollte, dann ist dies auch eine schöne Belohnung.

12 Ist es sinnvoll, einen UB in einer Nachmittagsstunde durchzuführen?

- Fachunterricht am Nachmittag hat sich überall immer mehr durchgesetzt und ist daher an den meisten Schulformen eine Selbstverständlichkeit.
- Insofern kommt auch ein UB am Nachmittag durchaus infrage. Der Vorteil ist sogar, dass Sie mit einem Unterrichtsarrangement aufwarten können, das die Schüler auf besondere Art motiviert und aktiviert und somit den besonderen Lernvoraussetzungen am Nachmittag Rechnung trägt.
- Dazu eignen sich in besonderer Weise kooperative und projektorientierte Lernformen, die ein individuelles Lerntempo erlauben.
- Durch eine derart umsichtige Planung, die Sie in Ihrem SUE reflektieren und ausweisen, können Sie bei der Beurteilung ggf. noch Extrapunkte einheimsen.
- Auch der Dank der Lerngruppe in Form einer aktiven Beteiligung am Unterricht dürfte Ihnen gewiss sein, wenn sich Ihr Unterricht entsprechend abhebt.

13 Kann ich einen UB direkt nach einer Mathe-Klausur / nach einer Doppelstunde Sport durchführen?

- Unter dem allgemeinen Termindruck lässt sich eine solche Situation nicht immer vermeiden. Bedenken Sie auch, dass diese Situation im Schulalltag für die Gestaltung des Unterrichts normal ist. Dennoch können und sollten Sie in Ihrem SUE darauf hinweisen.
- Normalerweise werden sich die Schüler auf den UB trotzdem gut einstellen, denn sie wissen, wie wichtig solche Besuche sind.
- Stellen Sie früh genug sicher, dass die Lerngruppe möglichst vollständig und pünktlich im Unterrichtsraum erscheint. So könnten Sie in der Vorstunde zum UB-Stundenbeginn und zu der besonderen Situation einen Satz sagen, den Sie sich vorher genau überlegt haben.
- Im Übrigen sind ein motivierender Unterrichtseinstieg und ein interessanter Stundenverlauf die besten Garanten dafür, dass sich die Lerngruppe rasch und konzentriert auf das Lernen einlässt.

9 DIE LERNGRUPPE – UMSTÄNDE BEACHTEN UND GÜNSTIGE VORAUSSETZUNGEN SCHAFFEN

14 Ich habe vor dem UB, speziell auch vor der UNB Prüfungsangst. Was kann ich tun, um meine Nervosität und Ängste abzubauen und mein Verhalten besser zu steuern?

- Anspannung und Lampenfieber vor UBen und UNBen sind normal und können sogar hilfreich sein, um alle Kräfte zu bündeln.
- Die Art der Selbstvermarktung / des Auftretens beim UB und hier im Speziellen das Verhalten während der Nachbesprechung hat sicher einen erheblichen Einfluss auf die Unterrichtsbesucher, auf deren Beobachtungen und Einschätzungen. Das „Mauerblümchen" wird bei exakt gleichem Unterrichtskonzept immer schlechter bewertet werden als jemand, der sich eloquent zu verkaufen versteht. Andererseits weiß Ihr SAB um diese Tatsache.
- Das beste Rezept gegen solche Angststörungen besteht einerseits in einer gründlichen Vorbereitung – nicht nur auf die Unterrichtsstunde, sondern vor allem auch auf die UNB. Andererseits ist es wichtig, sich – ggf. professionelle – Hilfe zu holen.

Einige Hinweise

- Überprüfen Sie Ihre Zielorientierung: (a) Personen mit einer Lernziel- oder Aufgabenorientierung nehmen Lern- und Leistungssituationen als Gelegenheit wahr, ihre eigenen Kompetenzen und Fähigkeiten weiterzuentwickeln. (b) Personen mit einer Leistungsziel- oder Ich-Orientierung sind in erster Linie darauf bedacht, ihre Leistungsfähigkeit zu demonstrieren. Bei Prüfungsangst sollten Sie sich auf Ihre Aufgaben fokussieren und dort ein positives Fähigkeitsselbstkonzept entwickeln (daran denken, was Sie schon alles können!).
- Verlagern Sie während Ihrer Ausbildung Ihr Interesse darauf, möglichst tiefgründig verankertes und somit relativ dauerhaft gespeichertes Wissen und entsprechende Fähigkeiten zu erwerben, und schielen Sie nicht auf kurzfristiges „Prüfungswissen" oder solitär eingesetzte Handlungsweisen („Feuerwerke" – mögen sie auch noch so verlockend erscheinen).
- Schätzen Sie Ihre Fähigkeiten möglichst realistisch ein und entwickeln Sie ein positives Selbstkonzept. Dazu gehört, dass Sie nicht nur Ihre Fehler (Defizite) kennen, sondern auch Ihre Fähigkeiten (Stärken), und daher die Zuversicht entwickeln, adäquate Erfolge zu erzielen. Erfolgszuversichtliche Personen bevorzugen in der Regel eher mittelschwere Aufgaben (keine Unter- oder Überforderung), weil hier bei entsprechender Anstrengung eine positive Leistung erwartet werden kann.
- Machen Sie sich klar: Prüfungen sind gerade keine „normalen" Situationen. Insofern gehören ein gewisser Druck oder Stress oder auch „Lampenfieber" dazu (aber keine Angst aufbauen!). Psychologische Untersuchungen haben gezeigt: Sowohl eine zu hohe als auch eine zu niedrige Aktivierung beeinträchtigen das Leistungsoptimum. Bei zu geringer Stimulation (Erregung) wird das kognitive Potenzial nicht vollständig genutzt, bei zu viel Stimulation beeinträchtigt die emotionale Erregung den Ablauf der kognitiven Prozesse.

Tipp: Bei Prüfungsangst oder auch Unsicherheit sollten Sie die Schaltstellen des Unterrichts (Einleitung, Übergänge, Abschluss) und der UNB laut (!) und mehrfach sprechen und üben.

Zum Weiterlesen:

- *Knigge-Illner, Helga (2010): Prüfungsangst besiegen: Wie Sie Herausforderungen souverän meistern. campus concret: Frankfurt a. Main.*

15 Wie finde ich besonders griffige Themen?

Themen für Unterrichtsbesuche bedürfen keiner Extravaganz oder Exotik:

- Sie sollten einfach geeignet sein, den aktuellen Lernprozess sinnvoll und ergiebig weiterzuführen, und gleichzeitig einige wichtige Facetten des Lehrerhandelns und -planens sichtbar machen.
- In diesem Sinne „griffig" wird ein Thema dann sein, wenn schon beim bloßen Vernehmen der Wunsch der Lernenden nach „Zugreifen", Hantieren, Experimentieren, Klären, Strukturieren, Wissen zu erwarten ist.
- Das Thema soll möglichst so problemorientiert formuliert sein, dass man sich daran reiben, sich dazu positionieren oder sein Handlungswissen vergrößern kann. Das ist häufig der Fall, wenn bereits in der Themen- bzw. Aufgabenstellung ein Spannungspotential sichtbar wird (Gegensätze bzw. Polarisierung der Denkweisen zu einem Gegenstand, Gegenläufiges zum Alltäglichen, zum „Mainstream", in sich Verblüffendes, Paradoxes oder einfach nur Wissenswertes).
- Man kann aus der Motivationsperspektive auch einfach sagen: Die Bearbeitung dieses Themas muss in irgendeiner Weise Erfolg versprechend sein!

16 Was unterscheidet eine UB-Stunde von einer Alltagsstunde bzw. was macht eine gute UB-Stunde aus?

▶ 17 ▶ 18 ▶ 19 ▶ 20 ▶ 21 ▶ 22 ▶ 23 ▶ 24 ▶ 36 ▶ 37

Der Unterschied liegt vor allem in der Intensität der Vorbereitung: Im Laufe Ihrer Ausbildung sollen Sie beim UB mehr und mehr modellhaft zeigen, dass Sie allgemein- und fachdidaktische Konzepte beherrschen und durchführen können.

Die folgende Checkliste verweist auf einige Kriterien, an denen Sie die „Modellhaftigkeit" ablesen können:

- Auswahl des Gegenstands: Bereits die Gegenstandsauswahl sollte so weit wie möglich originär sein, d. h. Ihre eigene Handschrift zeigen.
- Stundenthema: Das Reihen- und das Stundenthema sollten besonders sorgfältig benannt

werden, nämlich: der Sachgegenstand/Inhalt/Stoff – z.B. ein Text, eine Situation, eine Theorie, eine Fachmethode sowie der Betrachtungsaspekt, unter dem der Gegenstand im Unterricht gesehen und behandelt wird.

- Fokussierung: Das bedeutet für Ihre Auswahl: Fokussierung eines Gegenstandes (Tiefe statt Breite, Aspektierung = Reduktion!), einer (!) Problemstellung und einer (!) zentralen Methode in einem anspruchsvollen Lernarrangement.
- Lernprinzip: Das bedeutet als Prinzip: Tiefe statt Breite, Tiefenschnitt statt Querschnitt.
- Lerngegenstand: Das bedeutet ferner für Ihre Aufbereitung des Lerngegenstandes: Die Herausforderungspotentiale des Gegenstandes / des Themas sollen Sie erkennen und didaktisch begründet reduzieren
  - auf der sachlichen Ebene (Fach- und Sachkompetenz),
  - auf der kognitiven Ebene (Analyse aus Lehrerperspektive und aus Schülerperspektive), deutliche Problemorientierung, Anforderungsbereiche 1–3, Anforderungsbereich 3 (nicht nur) in S II besonders berücksichtigt,
  - auf der sozio-emotionalen Ebene (affektive Komponente, Handeln).
- Lernprogression: Sowohl in der Stufung des Unterrichtsvorhabens als auch in der UB-Stunde selbst sollte eine deutliche Lernprogression erkennbar werden („Verdichtung des Lernprozesses“, „abgerundete Stunde“).
- Ergebnisorientierung: Die Stunde sollte am Ende klare, eindeutige Ergebnisse aufweisen, d.h., die Ziele wurden operationalisiert.
- Lernreflexion: Zum Schluss sollte noch Zeit sein, um zentrale Ergebnisse noch einmal reflektieren und einordnen zu lassen = „Hebung“.
- Kein Überhang: Es sollte wenig oder kaum Überhang für die Folgestunde vorhanden sein (Stunde vom Ergebnis her planen!).

Gütekriterien für eine UB-Stunde sind:

- Phasierung: plausible, abwechslungsreiche Phasierung mit organischen Gelenkstellen, auch Mikroplanung / gelungene Stundenfigur / Alternativen bedacht
- Schüleraktivierung: viele Schüleraktivitäten ermöglicht, eigenständiges (Sprach-)Handeln, Vorwissen aktualisiert, selbstständige Urteile ermöglicht
- „roter Faden“: inhaltlich wurde der „rote Faden“ stets weitergeknüpft
- Vertiefung: Unterrichtsthema wurde durch eine zentrale Maßnahme vertieft
- Unterrichtsatmosphäre: konzentrierte, motivierende, entspannte Unterrichtsatmosphäre
- Methoden: Methoden den Schülern bewusst gemacht, reflektiert, stets Transparenz geschaffen
- Lehrerverhalten: klare Impulsgebung, Denkförderung, Moderation und zugleich: den Schülern Raum gelassen, Präsentationsfähigkeit
- klare Ergebnislage: klar messbarer Lernzuwachs zur Vorstunde: das „Neue“ akzentuiert

17 Ist es als Vorbereitung auf den UB sinnvoll, für jede Stunde – auch im Schulalltag – einen Kurzentwurf zu verfassen?

▶ 16
▶ 20

Das macht auf jeden Fall Sinn!

Begründung: Nur durch die systematische Unterrichts(kurz)vorbereitung erlangen Sie die Routinen, die Ihnen beim UB abverlangt werden. Mehr noch: Jede Kurzvorbereitung fußt natürlich auf einer gründlich vorgenommenen lang- und mittelfristigen Planung.

Hinweis: Sowohl die systematische Unterrichts(kurz)vorbereitung als auch die gründlich vorgenommene lang- und mittelfristige Planung des Unterrichts sind auch im späteren Unterricht unverzichtbar. Mit Fug und Recht kann man somit feststellen, dass diese Übung für Ihr ganzes Lehrerleben wichtig ist.

Was gehört zu einem Kurzentwurf?

Bei der schriftlichen Kurzvorbereitung werden nur die wichtigsten Schritte und die „Scharnierstellen" einer Unterrichtsstunde notiert, um sie während der Stunde jederzeit abrufen zu können.

Zu diesem Kurzvorentwurf, den allenfalls der AL und natürlich Sie selbst zu Gesicht bekommen, gehört alles das, was für die inhaltliche Steuerung und die Prozesssteuerung bedeutsam ist. Keine didaktische Analyse, auch keine detaillierten Ziele, sondern die zentralen Elemente des geplanten Stundenverlaufs:

- das Stundenthema in Stichworten,
- ein Hauptlernziel,
- die Phasenstruktur im Groben, dazu die Sozialformen und Medien,
- ein Kurzkommentar,
- eine zündende Idee für die Einstiegssituation,
- ein oder zwei Leitfragen für das gelenkte Gespräch,
- der Arbeitsauftrag in Stichworten,
- zentrale Elemente des Tafelbildes oder der Overhead-Folie oder ein Arbeitsblatt,
- die Hausaufgaben.

Kurzvorentwurf

Fach/Datum

Klasse/Kurs

Unterrichtseinheit

Absicht/Thema

Lernziele

Phasen	Unterrichtsgeschehen	did.-meth. Kommentar	Sozialformen/Medien

Hausaufgaben

Anmerkungen zu den Lerninhalten

Hinweis auf Literatur und andere Hilfsmittel und Anmerkungen

Zum Weiterlesen:

- *Berger, Jutta Maria u. a. (2013): Experten helfen Referendaren: Unterricht gestalten. Cornelsen Schulverlage: Berlin.*

18 Ist Lernen an Stationen für einen UB geeignet?

Das macht dann Sinn, wenn folgende Bedingungen mehrheitlich erfüllt sind:

- Sie sollten möglichst vorher Ihren SAB fragen, ob dieses Unterrichtsarrangement willkommen ist.
- Vor allem im ersten Drittel des Vorbereitungsdienstes ist ein solches Stundenkonzept sinnvoll, denn wahrscheinlich sind Ihre Fähigkeiten zur Führung eines lehrergelenkten Unterrichtsgesprächs noch nicht so weit fortgeschritten.
- Vor allem zeigen Sie auch, dass Sie die Schüler in ihrer Selbstständigkeit fördern und individuellen Lernfortschritt ermöglichen.
- Die Stunde sollte auf jeden Fall eine Hinführung durch Sie beinhalten, auf jeden Fall auch einen geformten Stundenabschluss mit Arbeitsrückschau, Fazit und Ausblick auf die Folgestunde. So wird Ihr Lehrerverhalten für den Beobachter auch in einer solchen Stunde sichtbar. Die selbstständige Arbeitszeit der Lerngruppe sollte nicht viel mehr als 30 Minuten betragen – überlegen Sie sich, wie Sie sich in dieser Zeit verhalten wollen, auf keinen Fall untätig herumstehen oder beschäftigungslos am Pult sitzen. Vielmehr haben Sie Zeit, Ihre Schüler unauffällig zu beobachten und ggf. zu beraten.
- Ein unter diesen Bedingungen geplantes Stationenlernen ist z. B. eine aussagekräftige Stunde für einen Unterrichtsbesuch durch den SchL.

19 Ist es sinnvoll, so weit wie möglich auf die persönlichen Vorlieben des SAB einzugehen?

Beantworten Sie sich folgende Fragen:

- Was, glauben Sie, sind denn die persönlichen Vorlieben Ihres SAB?
- Meinen Sie wirklich, diese genau zu kennen?
- Und wenn ja, können Sie dann wirklich richtig auf diese eingehen?
- Was passiert, wenn dabei etwas schiefgeht?
- Und was ist, wenn Ihr SAB auf die Idee kommt, dass Sie ihm bloß schmeicheln wollen?

Richten Sie sich lieber an dem aus, was Ihnen selbst für die Unterrichtsgestaltung plausibel und notwendig erscheint

- im Blick auf das Thema,
- im Blick auf Ihre Schüler,
- im Blick auf den Lerngegenstand,
- im Blick auf den Lernfortschritt.

20 Wie genau muss die UB-Stunde in die Unterrichtsreihe eingepasst sein? Wie stark muss ich auf die Vor- und Folgestunde eingehen?

- Zunächst einmal: Jede Unterrichtsstunde ist kontext-sensitiv, d. h., sie versteht sich aus dem Lernprozess, der vorausgeht, bzw. aus der Prozessphase, die durch die Stunde selbst in der Folge mitbestimmt wird.
- Daraus ergibt sich: Mit zunehmender Unterrichtsdauer in einer Lerngruppe wird auch die Berücksichtigung von Details aus dem Reihenzusammenhang immer mehr an Bedeutung gewinnen.
- Schließlich: Am Ende Ihrer Ausbildung wird die Fähigkeit, die einzelne Stunde didaktisch und methodisch aus ihrem Kontext innerhalb der Reihe zu begründen und nachvollziehbar zu machen, zu einer wichtigen mitbewerteten Teilleistung.
- Begründung: Denn in immer mehr Bundesländern wird spätestens bei der Prüfung eine enge Vernetzung der gezeigten Stunde mit der Vor- und Folgestunde verlangt. Das bekommen Sie nur hin, wenn Sie weit genug im Voraus Ihre Unterrichtsreihe bzw. -sequenz planen.

Einige Hinweise

- In der Anfangsphase (je nach Vereinbarung mit dem SAB, eventuell beim ersten UB) genügt es meist, an den erreichten Lernstand der Vorstunde anzuknüpfen, was sich besonders in der Gestaltung der Eingangsphase der zu zeigenden Stunde spürbar ausprägen sollte (z. B. in einer Phase mit bewusster Anknüpfung an das Vorwissen – aus der Vorstunde oder dem bisherigen Unterricht).
- Am Stundenende sollte ebenfalls ein knapper Reihenbezug sichtbar werden (z. B. in der Auswahl einer reizvollen Hausaufgabe mit weiterführendem oder bündelndem Charakter oder in der Eröffnung eines Ausblicks auf relevante Folgeprobleme, d. h. in der Anbahnung eines Transfers).
- Im fortgeschrittenen Stadium Ihrer Ausbildung (je nach Vereinbarung mit dem SAB, eventuell ab dem 2. oder 3. UB) sollten Sie Ihren Blick zunehmend schulen für die übergreifenden unterrichtlichen Zusammenhänge, die konkret in die Entscheidungen für die Einzelstunde hineinwirken.
- Man sollte dann der Einzelstunde anmerken können, dass sie Teil einer bestimmten Reihenphase mit einer speziellen Lernfunktion ist (z. B. Teil der Aufwärmphase, Sensibilisierungsphase, Analysephase, Erprobungsphase für Methoden, Präsentationsphase).
- Die Stunde „übernimmt“ dann eine bestimmte Funktion, die Sie zuvor z. B. in der Planung der Reihenziele festgehalten haben. Entsprechend mehr Raum wird dieser Aspekt dann auch in Ihrem schriftlichen Unterrichtsentwurf einnehmen (auch hier ist wieder die vorherige Vereinbarung mit dem SAB maßgeblich).
- Gerade diese Fähigkeit zur modellhaft geplanten Stunde in einer konkreten Unterrichtsreihe soll in Ihrem SUE für das Examen sichtbar werden.

21 Wie viel Lehreraktion wird denn überhaupt von mir erwartet und wie steht das in Beziehung zum selbstständigen Lernen der Schüler?

▶ 16
▶ 18
▶ 22
▶ 24

Eine Vorbemerkung

Lehreraktion und selbstständiges Lernen schließen einander nicht aus, sondern sind in einem pädagogisch begründeten Unterricht notwendig aufeinander bezogen.

Man kann hier keine einfache quantitative Empfehlung geben. Wie bei der Methodenwahl gilt:

- Sie sollten diejenige Aktivität als Lehrperson zeigen, die der Sache und Zielerreichung am meisten förderlich ist.
- Wenn die Methode in dieser Hinsicht bereits verantwortlich gewählt wurde, ergibt sich daraus meist auch die tragfähige Begründung für Art und Umfang der Lehreraktivität.
- Diese kann in einem Spektrum von „äußerster Zurückhaltung" über „durchgängige Moderation" bis hin zu „phasenweise begründeter Lenkung oder Einhilfe" angesiedelt werden.
- Konkret kann das bedeuten, den Schülern die Regie über die Durchführung eines Planspiels völlig zu überlassen und die Lehrerrolle in diesem Fall auf gezielte Beobachtung, eine motivierende Anmoderation, eine abschließende Abrundung mit Transfer oder die Initiierung einer Metakognition, d. h. einer gemeinsamen Rückschau auf den Lernweg mit Benennen des neu Gelernten, zu begrenzen.
- Es kann aber auch sein, dass der in dieser Stunde von Ihnen geplante Lernweg eine stärkere Lehreraktion verlangt, etwa Hilfsfragen in einer Beweisführung, Demonstration eines neu einzuführenden grammatischen Phänomens etc.
- Eine Stunde mit mehr oder aber äußerst wenig gezeigter Lehreraktivität kann also gleichermaßen Ausdruck eines guten Unterrichtskonzepts sein. Entscheidend ist nicht das Quantum an Aktivität, sondern die Art derselben und die jeweilige Begründung und Abstimmung der einzelnen Lern- und Lehrschritte.
- Vermieden werden sollten – beim UB wie in alltäglichen Stunden – Arrangements, die die Lehrperson zu hohem Redeanteil (dozierendes Monologisieren) verleiten. Hingegen kann ein pointierter kurzer Lehrervortrag zu einem beachteten Highlight Ihrer Stunde werden.
- Falls Sie Zweifel daran hegen, ob Ihr SAB diese Ansichten über Lehreraktivität teilt, machen Sie diesen Punkt doch einmal innerhalb der Seminarveranstaltung – rechtzeitig vor einem UB – zum Thema.
- Die Faustformel für eine stimmige Argumentation lautet: Die konkrete Lernsituation im bestehenden Lernprozess (der Unterrichtsreihe) gibt das Maß für die Methode und, verbunden damit, für die Dosierung von Lehreraktion und Schülerselbstständigkeit vor.
- Da die Schülerselbstständigkeit und Eigenaktivität beim Lernen bzw. Bewältigen von Lernaufgaben didaktisch als sehr wertvoll betrachtet wird, kann man vielleicht sagen: Was Schüler in einem vertretbaren Zeitrahmen weitgehend eigenständig bearbeiten können, das sollte sie die Lehrperson auch tun lassen. Entsprechend weniger tritt sie selbst in Aktion.

- Hierfür hat Rolf Dubs die hilfreichen Begriffe „Scaffolding" und „Fading" ins Spiel gebracht: Fading bedeutet ein bewusstes Zurücknehmen der Lehreraktion, wo immer es geht und vertretbar ist; Scaffolding meint nun nicht das Gegenteil, also Aktivismus der Lehrperson, sondern ihr notwendiges In-Erscheinung-Treten in Form von „Gerüstbau" für die zu leistende Lernarbeit (Bereitstellen einer Art Arbeitsbühne). Konstruieren und bauen sollen die Schüler weitgehend selbst. Also findet sich auch in der Aktion der Anleitung („Instruktion") bereits ein Ansatz von Zurücknahme.

Eine Nachbemerkung

Jede Lehreraktion muss sich somit daran messen lassen, ob und inwieweit sie selbstständige Schüleraktionen vorbereitet und/oder initiiert.

Wenn Sie diese Grundhaltung zur Schülerselbstständigkeit verinnerlicht haben, wird sich das in Ihren Lernarrangements deutlich zeigen und eine positive Würdigung finden.

Zum Weiterlesen:

- *Dubs, Rolf (2009): Lehrerverhalten. Ein Beitrag zur Interaktion von Lehrenden und Lernenden im Unterricht. Franz Steiner Verlag: Stuttgart. 2. überarbeitete Auflage.*

22 Was sollte ich im UB hinsichtlich der Wahl von Sozialformen und Methoden beachten?

Vorbemerkung

Unterscheiden Sie zunächst zwischen Unterrichtsmethoden und Arbeitsmethoden. Bei beiden Methoden ist darauf zu achten, dass sie funktional eingesetzt werden müssen.

- Was oben zur Exotik bei der Themenwahl gesagt wurde, gilt besonders auch bei der Methodenwahl: Methodisch markant wird Ihr Unterricht nicht dadurch, dass Sie mit teurem bunten Karton innerhalb von 45 oder 60 Minuten die Wände des Klassenraums tapezieren oder eine technisch gespickte Multi-Media-Schau veranstalten, sondern dadurch, dass Sie einem thematischen Gegenstand mit genau der Arbeitsform und Bearbeitungsweise zu Leibe rücken, die der Sache, den Schülern und Ihrem Kernziel angemessen ist.
- Das kann durchaus unspektakulär sein (ein gut gewählter Analyseauftrag für einen Text; ein Beobachtungsauftrag zu einem Naturphänomen; ein kleines Rollenspiel; die Fertigung von Sprechblasen mit unausgesprochenen Gedanken und Gefühlen zu einem Text etc.).
- Da es sehr viele fachspezifische Methoden gibt, ist eine offene Vorabsprache mit dem SAB über die Verteilung von Methodenschwerpunkten je nach Ausbildungsabschnitt ratsam (z. B. Spielerisch-Kreatives, Analytisches, Übungs-Methoden). Aufgrund der existierenden Vielfalt ist auch Variation in den verschiedenen UBen zu empfehlen (nicht: vier Mal Internet-Recherche oder Texte in Abschnitte gliedern).

Hinweis: Hüten Sie sich davor, ein „Methoden-Feuerwerk“ abzubrennen; denn ein solches Feuerwerk wirft mit großer Sicherheit die Frage auf, ob und inwieweit es den Lehr-Lern-Prozess sinnvoll gefördert hat.
Aber: Zeigen Sie auch, dass Sie vielfältige Methoden beherrschen und sinnvoll einsetzen können.

Zum Weiterlesen:

- *Mattes, Wolfgang (2004): Methoden für den Unterricht. 75 kompakte Übersichten für Lehrende und Lernende. Schöningh: Paderborn.*

23 Mein AL lehnt kooperative Lernformen ab, mein SAB will diese jedoch im AU sehen.

▶ 16
▶ 18
▶ 19
▶ 21
▶ 22

- Überzeugen Sie Ihren AL, Ihnen hinsichtlich der Unterrichtsgestaltung für einen beschränkten Zeitraum freie Hand zu lassen.
- Führen Sie dann systematisch aufbauend kooperative Arbeitsformen ein: erst Einzelarbeit, dann Partnerarbeit, dann Think-Pair-Share, dann komplexere kooperative Lernformen einschließlich der gängigen Präsentations- und Auswertungsphasen.
- Vermutlich wird Ihr AL durch die Beobachtung seine Auffassung zumindest ein Stück weit ändern, denn gelungene kooperative Lernformen sprechen für sich selbst.
- Einmal gründlich eingeführt, sollten Sie komplexe Arbeitsformen regelmäßig mit wechselnden Gegenständen einüben.

Hinweis: In der Regel gilt das Prinzip, beim UB nur Methoden zu zeigen, die vorher bereits – ggf. in anderen Lerngruppen – hinreichend und erfolgreich ausprobiert wurden.

24 Mein SAB fordert bei der UNB und im Seminar immer das, was er einen formatierten Stundenabschluss nennt, also Rückblick, Fazit und Ausblick. Wie kriege ich das hin?

Selbst erfahrene Lehrer kriegen es nicht immer hin, eine Unterrichtsstunde richtig abzuschließen. Das ist schade, denn die Schüler haben ein Recht darauf. Also egal, wie weit Sie in der Stunde kommen, achten Sie darauf, dass Sie etwa 5 Minuten vor Schluss das Ende des Unterrichts „einläuten“ mit einem Rückblick, Fazit, ggf. Hausaufgabenstellung und Ausblick. (Schauen Sie dazu unauffällig auf die Uhr. Das kann die Wanduhr sein, Ihre Armbanduhr oder ein kleiner Reisewecker auf Ihrem Pult.)

Hinweis: Nicht nur bei Unterrichtsbesuchen, sondern auch im Schulalltag geht das Unterrichtsende nicht selten in einem allgemeinen Chaos unter. Dann werden in den „Gong“ hinein noch schnell die Hausaufgaben mitgeteilt, noch einige allgemeine Anmerkungen gemacht etc., ohne dass noch jemand zuhört. Das ist schlecht! Und das sollten Sie unter allen Umständen vermeiden!

Tipp: Präventiv hilfreich kann es da sein, die Stunde vom Ende her zu planen.

Zum Weiterlesen:

- *Den Unterricht nicht vor dem Ende loben. Pädagogik, Heft 7/8 (Juli/August 2006), S. 68–71. http://www.wl-lang.de/Unterricht/Aufsaetze/Schlussphase.pdf*
- *Thömmes, Arthur (2007): Unterrichtseinheiten erfolgreich abschließen. Verlag an der Ruhr: Mühlheim an der Ruhr.*

25 Was ist wichtiger beim UB, die Stunde oder wie man sie reflektiert?

Natürlich zählen Planung und Durchführung der Unterrichtsstunde mehr.

Auf der anderen Seite können Sie durch einen systematischen und kritischen Abgleich von Planung und Durchführung, die selbstständige Benennung von Stärken und Schwächen, durch die Entwicklung von Alternativen etc. wieder Pluspunkte machen. Gefragt ist also Ihre Fähigkeit, schnell in Distanz zu sich selbst zu treten und Mängel oder auch Alternativen in Planung und Durchführung zu erkennen. Verfallen Sie dabei aber nicht in den Fehler, Ihre gesamte Stunde „schlechtzureden“. Nennen Sie auch die Vorzüge anhand klarer Indikatoren.

Tipp: Bleiben Sie bei der Reflexion möglichst sachlich und analytisch klar. Natürlich sollen Sie auch engagiert auftreten, aber nicht parteiisch blind für Ihre Planung und für Ihren Unterricht.

26 Soll ich allein in den UB und die UNB gehen oder besser eine Person meines Vertrauens mitnehmen?

Sofern Sie im AU ein AL betreut, ist es meist sinnvoll, diesen mit in die UNB zu nehmen.

Es kann sehr hilfreich sein, wenn er seine Perspektive einbringt, weil er die Lerngruppe gut kennt und und die gezeigte Stunde in Relation zu Ihren anderen gezeigten Stunden setzen kann. Das sollten Sie vorher – wie auch die UB-Terminfindung – mit ihm absprechen.

Wenn Sie dies planen, dann müssen Sie auch die schulischen Bedingungen klären, denn Ihr AL hat ja in der Regel im Anschluss an Ihren UB selbst Unterricht: Ist eine Vertretungsstunde möglich oder zumindest die Beaufsichtigung der folgenden Lerngruppe mit einem Arbeitsauftrag für eine überschaubare Zeit (etwa 15–30 Minuten)? Ein eher glücklicher Zufall ist es, wenn Ihr AL im Anschluss an den UB selbst eine Freistunde hat.

Ansonsten können Sie LAA derselben Schule oder Ausbildungsgruppe mitnehmen, natürlich nur, wenn diese auch die UB-Stunde gesehen haben. Informieren Sie Ihren SAB früh genug.

- Wenn Ihre Schul-Referendargruppe eine gewisse Team-Kultur pflegt, wird sich sicher häufig jemand finden, der Sie in den UB und die UNB begleitet, Sie dort unterstützt und die dort gemachten Erfahrungen auch später noch mit Ihnen reflektiert. Für einen Zwang, das immer zu tun, gibt es aber keinen Grund. Vielmehr sollten Sie auch einmal allein eine solche Situation angehen und durchstehen. Möglicherweise machen Sie dabei die Erfahrung, dass Sie völlig eigenständig für Ihre Belange einstehen können. Für brenzlige Situationen (z. B. wenn Sie einen Konflikt befürchten) können Sie dann immer noch auf einen Beistand zurückgreifen.
- Falls aber die schulische Tradition besteht, UNBen stets in Kooperation mit anderen LAA zu bestreiten, sollten Sie dies als willkommene Struktur ansehen und nur in begründeten Fällen eine Ausnahme hiervon machen, vor allem wenn das gegenseitige Hospitieren nicht nur auf UBe beschränkt bleibt. Oft können Sie genauso viel voneinander profitieren wie bei gestandenen Lehrkräften. Dies betrifft vor allem mögliche Anregungen durch innovative Methoden und Unterrichtsarrangements.
- Ein weiterer Hauptertrag dürfte darin bestehen, dass Sie immer wieder multiperspektivisch über das Kernanliegen von Unterricht überhaupt reflektieren und sprechen: die Gelingensbedingungen von Lernen im spannenden Vergleich zu real erlebten Lern(fort)schritten und -prozessen.

27 Mein AL nimmt meinen Unterricht immer nur hinterher „auseinander", unterstützt mich aber nie bei der Vorbereitung. Wie bekomme ich ihn dazu, mir bei der Planung etwas mehr zu helfen?

▶ 43
▶ 48

Versuchen Sie, seine Kritik und die Verbesserungsvorschläge als konstruktiv zu begreifen, und bedanken Sie sich, auch wenn Sie erst mal schlucken müssen. Sagen Sie Ihrem AL, dass Sie diesen und jenen Punkt zwecks Aufarbeitung konkret aufgreifen möchten, und bitten Sie ihn freundlich um seine Unterstützung im Vorfeld des UBs. In dieser Situation wird er sich wohl kaum entziehen können, zumal es darum geht, seine Anregungen praxisgerecht umzusetzen.

- Auf jeden Fall sollten Sie selbst schon einige genauere Planungsvorschläge entwickelt haben, bevor Sie mit der Bitte um Beratung an Ihren AL herantreten. Nur dann können Sie nämlich Ihr Anliegen auch genau formulieren. Wichtig ist, dass Sie dies rechtzeitig tun,

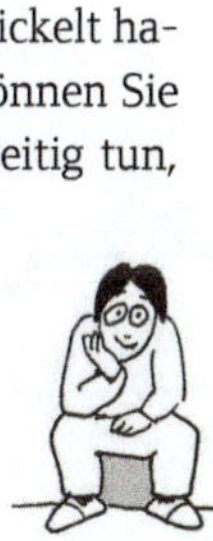

sodass sich Ihr AL auch Zeit nehmen kann. Wenn er sieht, dass Sie sich selbst viel Mühe mit der Planung machen, wird er Ihnen in der Regel auch gern helfen – auch im Interesse für sein eigenes Handlungsrepertoire.

- Falls Ihr AL dazu neigt, seine kritische Analyse stets in der UNB und eventuell nur dort vorzubringen, suchen Sie einen günstigen Moment, um ihm deutlich zu machen, dass durch sein Verhalten Ihre Position gegenüber Ihrem SAB geschwächt wird. Da Sie von den Institutionen Schule und Seminar separat beurteilt werden, sollte es nicht zu einer vermeidbaren Potenzierung von Negaiv-Kritiken kommen, was mit der o. g. Situation aber wahrscheinlich gegeben wäre.
- Kehren Sie aber stets wieder zu der konstruktiven Grundhaltung zurück, dass Sie aus begründeter Kritik lernen können und wollen.

28 Mein SAB macht selbst Fehler in seinem Unterricht. Kann ich damit argumentieren, wenn er mich beim UB kritisiert?

Hüten Sie sich davor, direkte Gegenkritik zu üben, bleiben Sie höflich und souverän!

- Da Sie erreichen wollen, dass sich die Qualität Ihrer Ausbildung verbessert, ist ein offenes oder verstecktes Hinweisen auf eigene Fehler des SAB wenig hilfreich.
- Bitten Sie Ihren SAB, wenn er Ihrer Meinung nach unberechtigte Kritik an Ihrem UB übt, am konkreten Beispiel den Aspekt doch einmal in einer der nächsten Seminarsitzungen zu behandeln.
- Bitten Sie ihn ebenso gleich in der UNB um Erläuterung, falls Ihnen Details der vorgebrachten Kritik nicht nachvollziehbar erscheinen.
- In Sachen „Ausbildungsgehalte“ der Seminarveranstaltungen kann ein gemeinsam vorgebrachtes Feedback der gesamten Lerngruppe weiterhelfen. Schließlich können Sie sich auf die gängige Praxis der Evaluation berufen, der sich Lehrerausbildungsseminare (einschließlich der Fachgruppen) verpflichtet wissen und die u. a. der Nachsteuerung bei Unstimmigkeiten dient.

Tipp: Wenn es um ein Problem geht, das die ganze LAA-Lerngruppe betrifft, dann sollten Sie es auch als Lerngruppe angehen und thematisieren.

29 Mein SAB neigt dazu, bei der UNB fachliche Fragen zu stellen – wie in einem Kolloquium. Wie kann ich mich darauf vorbereiten?

Bei Fragen, die Sie nicht beantworten können und die mit dem Unterrrichtskontext nichts oder nur wenig zu tun haben, können Sie Ihren SAB bitten, die Thematik doch einmal in einer der kommenden Fachsitzungen zu behandeln.

- In allem, was mit der Sachanalyse des behandelten Unterrichtsgegenstandes zu tun hat, sollten Sie möglichst viel Hintergrundvorbereitung geleistet haben und damit auch firm sein. Sollten Sie dennoch keine Antwort geben können, bitten Sie Ihren SAB, Ihnen geeignete Literatur zu benennen, damit Sie diese Wissenslücken füllen können.
- Falls Sie und gegebenenfalls auch andere LAA den Eindruck gewinnen, dass Wissenslücken in dieser Befragung zu einer Beeinträchtigung in Ihrer Beurteilung führen, formulieren Sie gemeinschaftlich Ihre Sorge darüber in einem Feedback bzw. in einer gezielten Anfrage. Dabei können Sie einerseits zum Ausdruck bringen, dass für Sie alle fachlichen und pädagogischen Aspekte von Belang offen sind, andererseits können Sie auf den Ausbildungsprozess verweisen, der Ihnen individuelle Freiräume und Zeitfenster zur Verarbeitung und Festigung neu erworbenen Wissens gewähren sollte.

30 Wer protokolliert die UNB?

Egal, wer sonst noch mitschreibt, Sie sollten die UNB auf jeden Fall auch selbst protokollieren.

- Falls Sie glauben, dazu zu aufgeregt zu sein, bitten Sie einen LAA derselben Schule oder Ausbildungsgruppe, dies zu tun.
- Führen Sie und der SAB das Gespräch allein, besteht die Möglichkeit, dass Sie die relevanten Ergebnisse im Protokollblatt zunächst skizzieren und bei Bedarf zu Hause aus den Notizen ein Protokoll fertigen. Da es zum guten Stil einer UNB gehört, am Schluss die Kernpunkte zusammenzufassen und zu gewichten, dürfte diese Art der Protokollierung immer gelingen.
- Je nach Ausbildungsordnung der Bundesländer kann die Protokollierung einer UNB auch schon im Rahmen der Portfolio-Führung verbindlich geregelt sein. Zumeist werden dabei weitere Reflexionshilfen und Checklisten angeboten.

Sie können sich für das Protokoll an dem folgenden Raster orientieren:

Protokoll der UNB

Referendarin/Referendar:

Fachleiterin/Fachleiter:

Dokumentation Nr.:

zur Nachbesprechung des Unterrichtsbesuchs am:

Lerngruppe:

Schule:

Thema der Stunde:

U-Nachbesprechung	Beibehalten/Verstärken	Verändern/Weiterentwickeln
Planung		
Durchführung		
Reflexion, Alternativen, Weiterplanung		
Vereinbarungen		

31 Soll ich vor dem UB nochmals zum Klassenraum gehen?

▶ 2
▶ 62

Nicht nur, wenn Sie für Ihren Unterricht Medien benötigen, sollten Sie vor dem UB nochmals zum Klassenraum gehen, sondern grundsätzlich; denn nur so können Sie überprüfen, ob der Klassenraum so ist, wie er für Ihren UB sein sollte:

- Sind alle Geräte/Medien da, die Sie benötigen?
- Sind genügend Stühle (auch für die Besucher) vorhanden?
- Ist der Raum in Ordnung (sauber, geputzte Tafel)?

Zugleich können Sie nochmals kurz mit Ihren Schülern sprechen, auf den UB hinweisen und nachfragen, ob alle Schüler anwesend sind bzw. ob es irgendetwas gibt, was noch bedacht werden sollte.

Sie sollten kurz vor Unterrichtsbeginn bzw. zum Beginn einer großen Pause (je nach Ort und Beginn des UBs) zum Klassenraum gehen, damit Sie diese Dinge notfalls noch regeln können.

32 Was mache ich, wenn viele Schüler fehlen oder zu spät kommen?

Nicht nur in Zeiten, in denen Krankheitswellen absehbar sind, ist es erforderlich, das Fehlen von Schülern im Vorhinein in die Planung mit aufzunehmen. Nur dann können Sie in Sachen Flexibiltät punkten, vor allem wenn es um komplexere Lernformen (arbeitsteilige Gruppenarbeit etc.) geht.

- Speziell hierfür ist es ratsam, alternative Gruppenformationen (z. B. für 24, 27 oder 29 Schüler) durchzuspielen, wenn Sie ursprünglich für die normale Gruppenstärke geplant hatten (z. B. 30 Schüler). Mit der Gruppengröße oder -anzahl ändert sich auch der Materialbedarf (Arbeitsaufträge, Arbeitsblätter, Zeitbedarf, falls Gruppenpräsentationen vorgesehen sind, etc.). Drei Gruppen zu je sechs Teilnehmern erfordern eine andere Logistik und andere Materialien als sechs Gruppen zu je drei Teilnehmern. Hier kann große Verwirrung bei Ihnen und den Schülern entstehen, wenn Sie keine entsprechende Vorkehrung getroffen haben.
- Eine weitere Veränderung gegenüber dem ursprünglich erwarteten Schülerverhalten kann entstehen, wenn ein oder zwei der sogenannten Leistungsträger fehlen, auf die Sie ganz fest gesetzt haben. Hier kann eine gewisse Prophylaxe darin bestehen, dass Sie besondere Impulse vorbereitet haben, mit deren Hilfe auch die übrigen Schüler den gewünschten Gedankenweg beschreiten können.
- Zu spät kommende Schüler bzw. Schülergrüppchen können Ihren Stundeneinstieg empfindlich stören. Am besten signalisieren Sie nonverbal, dass die Zuspätkommer sich zügig auf Ihre Plätze begeben sollen, dass der Unterricht bereits begonnen hat. Wenn Sie das

Empfinden haben, dass die Verspätung einer Erklärung bedarf, deuten Sie knapp an, dass Sie nach der Stunde darüber sprechen möchten. So haben Sie pädagogisch verbindlich reagiert und doch den Verlust an Unterrichtszeit in Grenzen gehalten.

Hinweis: Solche und andere Unterrichtsstörungen treten immer wieder auf. Gewöhnen Sie sich an, dass Sie mit Ihrem Verhalten die Unterrichtsstörung nicht noch vergrößern, indem Sie selbst den Unterrichtsfluss unterbrechen – durch langatmige Belehrungen, durch emotionale Reaktionen, durch Einfordern von Erklärungen im Unterricht.

Tipp: Ihre grundsätzliche Blickrichtung sollte sein: den Unterricht fortführen, die Aufmerksamkeit der Klasse auf den Unterricht lenken, keine nur rezeptive/passive Rolle für die Schüler! Diese Verhaltensweisen sollten Sie auch im alltäglichen Unterricht an den Tag legen, denn dann sind diese beim UBen für Sie und für die Schüler selbstverständlich. Das gilt im Übrigen auch für alle anderen Verhaltensweisen, die wir Ihnen für UBe vorschlagen.

33 Was soll ich machen, wenn der SAB zum UB zu spät kommt?

Wenn irgendwie möglich, bitten Sie eine Person (AL, Mit-LAA, jedoch keinen Schüler), den SAB bereits am Gebäudeeingang in Empfang zu nehmen und zum Unterrichtsraum zu geleiten.

- Beginnen Sie Ihre Unterrichtsstunde pünktlich. Nur wenn es eine Doppelstunde ist, können Sie den UB-Beginn um die verpassten Minuten ggf. nach hinten schieben.
- Der verspätete SAB wird sich anhand des SUE oder sonstiger Berichterstattung über den versäumten Teil der Stunde informieren. Sie müssen also nicht befürchten, dass Ihre Mühen umsonst waren. Sie nehmen Ihre Verantwortung wahr, wenn Sie zügig beginnen. Der SAB wird daraus keinerlei Unhöflichkeit o. Ä. ableiten. Zusätzliche Verhaltenssicherheit können Sie erzielen, wenn derartige Standardsituationen im Vorfeld durch klare Absprachen zwischen SAB und Ausbildungsgruppe geregelt sind. Hierzu sollten Sie einen entsprechenden Anstoß geben.

34 Soll ich den SAB und ggf. andere Gäste zu Beginn der Stunde begrüßen oder ist es besser, Besucher zu ignorieren?

Es ist eine Sache der Höflichkeit und dient auch der Transparenz gegenüber den Schülern, den Gast oder die Gäste knapp vorzustellen und zu begrüßen. Knapp heißt hier: Nennung der Namen (eventuell mit Funktion), ohne weitere Kommentare, Erläuterungen etc. anzuschließen.

In der Regel werden Sie die Schüler in der Vorstunde bereits über den UB unterrichtet haben und in der Regel wissen sie so um die besondere Bedeutung der Stunde für Sie. Insofern haben die Schüler durchaus ein Interesse daran, die Besucher in ihrer Funktion kennenzulernen. Sie sollten aber auch im Vorfeld keine (!) Kommentare zu den Unterrichtsbesuchern abgeben; denn solche Kommentare beeinflussen Ihre Schüler in ihrem Verhalten und können so den Unterricht nachteilig beeinflussen.

35 Mein SAB hält gern während des UBs ein Schwätzchen mit anderen „Gästen". Das stört mich sehr. Soll ich ihn darauf ansprechen?

▶ 28

Falls Sie dadurch zunehmend verunsichert sind, sollten Sie das tun.

Warten Sie einen geeigneten Zeitpunkt bei der UNB ab. Sagen Sie ihm, dass Sie etwas ansprechen müssen, was Sie irritiert. Schildern Sie in Form einer Ich-Botschaft, was Sie aus Ihrer Perspektive vor der Klasse wahrnehmen und welche Gedanken, Deutungen Ihnen bei entsprechenden Signalen aus der Beobachterreihe durch den Kopf gehen. Sagen Sie auch, dass dabei je nach Situation Zweifel an der Wertschätzung gegenüber Ihrem Unterricht und Ihrer Person aufkommen können („Habe ich jetzt einen Fehler gemacht? Oder war ich unfreiwillig komisch?"), was in Ihrer Situation als LAA nicht ohne Weiteres zu ignorieren ist. Ihr SAB wird dies sicher verstehen und auf solch irritierende Signale in der Zukunft verzichten.

36 Was ist besser, striktes Vorgehen nach Verlaufsplan oder Abweichungen vom Plan riskieren?

▶ 16
▶ 25
▶ 28
▶ 37
▶ 41

- Wenn es für Sie offensichtlich ist, dass Ihre Planung nicht stimmig ist (etwa Unter-/Überforderung der Schüler, völlige oder große Unklarheit etc.), weichen Sie besser von Ihrer Planung ab. Nur dann ist gesichert, dass Unterrichtsphasen nicht gestaucht und die Schüler in ihrer Erarbeitung nicht durch die Stunde gehetzt werden.
- Nehmen Sie sich aber in den letzten Unterrichtsminuten Zeit für einen geformten Stundenabschluss.
- Überlegen Sie sich vor der UNB, woraus sich Verzögerungen ergeben haben und wie Sie die Planabweichungen begründen. Zwar sind Planabweichungen meist ein Manko (da Sie ja „gut" geplant haben), dieses können Sie jedoch durch Ihre gezeigte Flexibilität ein Stück weit wieder wettmachen.
- Eher selten kommt es vor, dass man bei der Abweichung einen höheren Lerneffekt erzielt als nach Plan. Im Umkehrschluss bedeutet das: Weichen Sie nicht schon bei kleineren Unstimmigkeiten von Ihrem Plan ab!

37 Kann ich mögliche Abweichungen antizipieren und mich auf Handlungsalternativen während eines UBs vorbereiten?

- Sie können präventiv ganz generell im Unterrichtsalltag bereits bei der Planung versuchen, Ihren Blick für Lernhindernisse und besondere Lernchancen zu schulen. Beide Vorkommnisse können dazu führen, dass sich der Unterrichtsfluss verändert (verlangsamt oder beschleunigt); die Folgen bei einer solchen Tempoveränderung wären dann, nicht oder zu früh mit seinem Pensum fertig zu werden.
- Für die konkrete UB-Stunde ist es also ratsam, den Entwurf daraufhin zu überprüfen, ob und an welchen Stellen „Klippen" für das Verständnis bestehen könnten (unbekannte Begriffe, uneindeutige Fragestellung, ungünstige Assoziationen mit Leitbegriffen Ihrer Moderation oder Fragestellung etc.). Die „Spur" der Vorstellungen und Gedanken, die Ihr Unterricht intendiert, wird von den Schülern nie wie eine gerade Linie aufgefasst werden; vielmehr entsteht in den individuellen Vorstellungen, die Sie bei den Lernern evozieren, eher eine Bandbreite, von der Sie sich antizipativ ein Bild machen können.
- Entsprechend werden Sie immer gelassener, sobald Sie sehen, dass z. B. eine zunächst unerwartete Schülerantwort dennoch von der Bandbreite erfasst wird. Wenn Sie einige Klippen vorausgeahnt haben, könnnen Sie sich ja Maßnahmen zu deren Überwindung bereitlegen (Missverständnissen vorbeugen, Fragestellungen mit Schülerworten wiederholen lassen, einen klärenden Impuls vorformulieren, Checkfragen zum Verständnis der Aufgabe etc.). Noch etwas leichter ist es, der Unterrichtsbeschleunigung zu begegnen: Hier bewähren sich generell sogenannte didaktische Reserven, die aus bereitgehaltenen Zusatzaufgaben, -fragen, -materialien bestehen können. Sinnvoll ist ebenfalls ein Rückblick auf den Lernweg sowie die Bedeutung des Gelernten für weitere Aufgaben (Metakognition und Transfer).
- Weiterhin präventiv wäre ein im Alltag eingeübtes Zeitmanagement (speziell für eine Unterrichtsstunde): In der Unterrichtsrhythmik wird immer wieder Gelegenheit sein, einen Blick auf die Uhr zu werfen (z. B. in Gruppen-Phasen). Vorab wäre es ratsam, sich eine Zeitmarke zu setzen, wo eine bestimmte Unterrichtsphase mit einem bestimmten (Zwischen-)Ergebnis erreicht sein sollte. Ist dieses nicht erreicht, wäre zügig zu entscheiden, ob der Plan für die Restzeit der Stunde geändert werden muss.
- Die Gefahr, sich in der Zeit zu irren, sollte nicht unterschätzt werden. Im UB oder gar im Examen wäre es doch schmerzlich, Zeit zu verschenken, sich zu verzetteln und ohne wirkliche Zeitnot auf eine Plankorrektur-Maßnahme zu verzichten, wo ein Blick auf die Uhr das hätte verhindern können. Den aber sollten Sie sich angewöhnen, solange in unseren Breiten der Unterricht immer noch im bemessenen Zeittakt abläuft.
- Professionalisiert findet sich eine solche zeitbewusste Durchführung des Unterrichts bei Michael Wittschier, der ab einer bestimmten Unterrichtsphase gezielt vom Ende der Stunde her denkt und agiert (Was tun, wenn noch 15, 10, 5, 3, 2, 1 Minuten verbleiben?). Eine Strategie wird aus diesem Blick auf die Uhr erst, wenn in der Planung zuvor sondiert wur-

de, welcher Unterrichtsschritt Priorität hat, welches das Minimalziel ist, wo eventuell weglassbare Schritte vorliegen. Mit der Zeit werden Sie sich dann auch in der Lage sehen, im SUE auf derartige Flexibilisierungen hinzuweisen (z. B. „Sollbruchstellen" markieren). Hier würde dann aus der Not zumindest die Tugend, dass Sie Ihre Fähigkeit zur Antizipation unter Beweis stellen können. Das Wissen um eine solche Option kann während der gesamten Durchführung des Unterrichts sehr entlastend sein. Zum Stunden-Zeitmanagement gehört aber auch zu verhindern, dass der Uhrzeiger zur Peitsche und zum Damokles-Schwert für Ihr Lehrerhandeln wird und Sie in ungute Hektik verfallen. Für viele Stundentypen, in denen Unterrichtsgespräche vorgesehen sind, kann zudem eine teils präventive, teils reaktive Strategie nützlich sein: die Ankertechnik der Moderation. Hierbei verfahren Sie ähnlich wie bei der Zeitnot am Ende der Stunde: Sie vergewissern sich bereits in der Planung, was prioritär ist und was sekundär oder gegebenenfalls weglassbar. Machen Sie sich dann klar, worauf Sie in Gesprächsphasen Wert legen wollen (welche Leitbegriffe Sie z. B. unbedingt ansprechen müssen). Diese Begriffe (nicht mehr als 3–5) legen Sie sich als Moderationskärtchen auf Ihr Pult (ein oder zwei davon eventuell mit einer Uhrzeit versehen, nicht alle Kärtchen, sonst wird der Uhrzeiger wieder zur Peitsche!). Mithilfe der Karten können Sie bei zunehmender Übung Unterrichtsphasen beschleunigen und fokussieren, da Sie ja sicher sein können, sich mit Kernanliegen und -aspekten zu beschäftigen. Mit dieser Vorsichtsmaßnahme können Sie manch eine Stunde „retten" (sinnvoll abrunden), in der Ihnen zuvor die Zeit davongelaufen ist und Ihnen nur noch 5 Minuten verbleiben.

Zum Weiterlesen:

- *Wittschier, Michael (2012): Gesprächsschlüssel Philosophie. bsv/PATMOS: München. (Insbesondere Kap. 7.2 (S. 145–146)*

38 Mein SAB gibt mir immer 10 Minuten Zeit, um mich auf die UNB vorzubereiten. Wie nutze ich diese Zeit am besten? Wie gestalte ich mein Statement zur Stunde besonders effektiv?

▸ 39
▸ 46

Es wird hier vorausgesetzt, dass Sie sich bereits zu Hause mit einer Strukturhilfe für Ihr Statement, wie z. B. der unten vorgeschlagenen, vertraut gemacht haben und ggf. aus dem aktuellen Beratungskontext, in dem Sie stehen (Schwerpunkte und Zielsetzungen als Fazit der letzten Beratungen/UNB), Gewichtungen für den anstehenden Besuch und seine Nachbesprechung getroffen haben (z. B. bewusste Passung der gewählten Methode hinsichtlich der zuletzt aufgetretenen Lernschwierigkeiten etc.). Wenn Sie aus diesem Kontext heraus denken und agieren, ergibt sich oft ein natürlicher roter Faden für die UNB, der zu einem Baustein für ihre erfolgreiche Bewältigung werden kann.

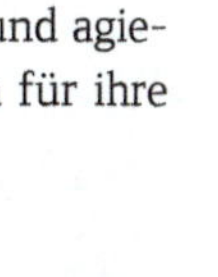

- Nach dem UB sollten Sie in der Regel ca. 10 Minuten für sich in Anspruch nehmen, um sich zurückzuziehen und Ihr Statement vorzubereiten.
- Wie in Ihrem schriftlichen Unterrichtskonzept sollten Sie auch in Ihrem Statement eine Verzahnung von Theorie und Praxis leisten, d. h., Sie sollten die Fachdidaktik berücksichtigen und eine geeignete Fachsprache verwenden. Einen wesentlichen Teil des Statements können Sie bereits zu Hause vorbereiten (s. Schema Strukturhilfe rechts). Nach der Unterrichtspraktischen Prüfung bzw. Lehrprobe am Prüfungstag müssen Sie, soweit in der Prüfungsordnung vorgesehen, Ihr Statement frei halten.
- Für die Anlage des Statements ist es hilfreich, folgende Punkte zu berücksichtigen:
  1. nochmalige Schilderung Ihres Stundenanliegens/Stundenkonzepts (im Kontext der Reihe)
  2. Äußerungen zur Umsetzung Ihres Stundenanliegens/Stundenkonzepts und zum Erreichen bzw. Nichterreichen Ihres Lernziels (evtl. schon mit Begründung)
  3. weiterer knapper Vergleich: Plan – Durchführung
  4. evtl. kurze Ausführungen zum Lernklima in der Stunde (Lehrer-Schüler-Beziehung, Besonderheiten, Verhalten der Lerngruppe / einzelner Schüler)
  5. Darlegung der positiven Aspekte der Stunde mit Begründung
  6. Darlegung der negativen Aspekte der Stunde mit Begründung
  7. Vorstellen möglicher Alternativen mit Begründung
  8. Verweis auf weitere Besonderheiten

Die folgende Strukturhilfe wird Sie vor allem vor einer allzu rhapsodistischen Besprechung Ihrer Stunde bewahren. Sprunghafte, von Augenblicksempfindungen geleitete Bemerkungen zu Details der Stunde sind ebenso zu vermeiden wie eine lückenlose chronologische „Nacherzählung". Nutzen Sie das Raster vor allem, um Ihr Interesse und Ihr Engagement für das Lerngeschehen an passender Stelle herauszuheben und damit Fokussierungen vorzunehmen.

Strukturhilfe: Unterrichtsnachbesprechung – Statement zur Unterrichtsstunde

1. Ziele / Stundenanliegen: „Mein Anliegen war …“

2. Umsetzung des Stundenanliegens

3. Vergleich: Planung – Durchführung

4. Lerngruppe heute

5. Positive Aspekte

6. Negative Aspekte

7. Alternativen

8. Resümee

39 Mein SAB ist immer in Eile und lässt mir nach dem UB keine Zeit, mich auf die UNB vorzubereiten. Wie kann ich das ändern?

Sie sollten auf jeden Fall nach dem UB die Zeit haben, allein oder möglichst mit Hilfe den Klassenraum aufzuräumen, Ihr Unterrichtsmaterial zusammenzupacken und kurz zu „verschnaufen".

- Eine angemessene Bedenkzeit, um die Stunde „sacken" zu lassen und sich ein wenig zu besinnen, tut allen (!) Beteiligten gut, nicht nur Ihnen, sondern auch dem SAB. Wenn Sie diesbezüglich negative Erfahrungen gemacht haben, bitten Sie Ihren SAB bei der nächsten UB-Vereinbarung freundlich um einen Termin, an dem er genügend Zeit hat. Darüber hinaus ist es – vor allem zur Vorentlastung einer kurzen Besprechung – sinnvoll, sich bereits zu Hause auf die UNB gezielt vorzubereiten (s. o.).
- Falls die Eile des SAB sich als Dauerzustand erweist bzw. schon mehrere UBe davon betroffen waren, ist es Ihr Recht, darauf aufmerksam zu machen, dass Sie diesen Umstand als eine Beeinträchtigung Ihrer Ausbilduung empfinden. Schließlich kann ein ganz wesentliches Instrument, wie sie die Beratung nach einem UB nun mal ist, nicht seine ganze Wirkung für Ihre positive Entwicklung entfalten, wenn die UNB ohne „wirkliche" Vorbereitungszeit und ohne genügend Beratungszeit durchgeführt wird. Ihre Ausbilder wissen um das Problem und werden sich um Abhilfe bemühen; eine für Sie nachteilige Gegenreaktion ist nicht zu erwarten.

40 Wie soll ich mich grundsätzlich in der UNB verhalten? Wie soll ich argumentieren?

Es ist ratsam, die „Nachbesprechung" nicht nur als Prüfungssituation zu verstehen, sondern sie sich auch als Lernsituation vorab einmal in Ruhe vor Augen zu führen, um daraus wichtige Hinweise abzuleiten:

- Vordringlich wichtig ist die Haltung, die Sie im Ganzen mit in diese Situation hineinbringen. Eine offene und konstruktive, durchaus selbstbewusste Lernhaltung wird der UNB am ehesten gerecht. Damit sollen unbedachtes Vorpreschen oder panzerartige Verteidigung des Gezeigten ebenso ausgeschlossen werden wie die Übernahme einer devoten Rolle dessen, der sich als Nur-Lerner, Nur-Empfänger versteht. Da Unterrichten ein Feld des immer neuen Erkundens, Entdeckens und Verbesserns ist, besteht gerade für die letztgenannte Rollenhaltung keinerlei Anlass. Im Idealfall verstehen sich Ihre Ausbilder in vielerlei Hinsicht immer zugleich auch als Lernende und tragen so zu der wünschenswerten Lehr-Lern-Partnerschaft bei, die viele Situationen der wechselseitigen Anerkennung schafft und sich somit für Ihre Ausbildung als äußerst förderlich erweisen kann.

- Für Ihr grundsätzliches Verhalten und Ihre Argumentationsrichtung während der UNB sollten Sie folgende Hinweise beachten:
  - Betrachten Sie die Situation in der UNB grundsätzlich als Gelegenheit, Ihre Handlungskompetenz zu erweitern (tägliches Hinzulernen).
  - Betrachten Sie die Elemente Ihrer Unterrichtsplanung und Ihrer Stundendurchführung als diskutierbar.
  - Zeigen Sie Interesse an den angebotenen Verbesserungsmöglichkeiten, vollziehen Sie diese reflektiert nach (mögliche Einwände oder Bedenken dagegen sind ebenso selbstbewusst vorzutragen).
  - Schotten Sie sich nicht gegen Kritik ab, etwa in der Meinung, Sie verschlechterten Ihre Beurteilung mit jedem zugegebenen Fehler oder mit jeder geäußerten Einschränkung. Vermutlich werden Ihre Ausbilder eher Ihre Offenheit und Ihr analytisches Vermögen anerkennen und gegebenenfalls – bei entsprechendem Alternativvorschlag Ihrerseits – die Schwäche als im Ansatz behoben ansehen.
  - Gehen Sie davon aus, dass es besser ist, selbst erkannte Fehler oder Schwächen zu benennen, als sich diese durch die SAB vortragen zu lassen (was mit größter Wahrscheinlichkeit geschehen wird, wenn Sie hier lieber schweigen).

Über diese grundsätzlichen Haltungs- und Verhaltensempfehlungen hinaus finden Sie im Folgenden Antworten zu Fragen in spezielleren Situationen.

41 Ich bin in der Stunde nicht „fertig" geworden. Soll ich in der UNB wirklich alle „Fehler" in Planung und Durchführung selbst ansprechen?

▶ 36
▶ 37
▶ 47

Skizzieren Sie gemäß Ihrer vorangehenden Reflexion die Art und das Ausmaß des Nichtfertigwerdens und fügen Sie auch Gründe für sein Zustandekommen an:

- Standen Sie kurz vor Ihrer Zielerreichung? Ist das noch Fehlende kurzfristig, z. B. in der Hausaufgabe, in der Folgestunde, zu erreichen? War die Problemlösung weitgehend für die Schüler sichtbar und fehlte z. B. nur ein zusätzlicher Beleg durch die Präsentation einer weiteren Schüler-Gruppe, oder fehlte etwas Grundsätzliches an der Verstehensbasis?
- Häufig auftretende Ursachen für Zeitverzögerungen sind ein falsch eingeschätztes Lerntempo, eine vorher nicht gesehene „falsche Fährte" (z. B. wenn die Schüler einen Nebenaspekt zu ihrer Hauptsache machen). Falls Sie dies oder Ähnliches diagnostizieren, benennen Sie es und bekennen Sie sich dazu, dass Sie den Schülern z. B. Gelegenheit geben wollten, in angemessener Zeit zu lernen bzw. durch Einsicht, die in einer eigenen Gesprächssequenz zu erlangen war, wieder auf den „Hauptpfad" des Erkenntnisweges zurückzukehren.

- Mit der Art Ihrer selbstkritischen Argumentation können Sie zugleich Ihre Analysefähigkeit demonstrieren und die Wahrscheinlichkeit einer Fehlerwiederholung minimieren.
- Wenn die Ursachen bereits in der Planung liegen (Lernvoraussetzungen/Leistungsfähigkeit der Lerngruppe, stoffliche Überfrachtung, zu langer Einstieg, übertriebener Medieneinsatz, „Klippen“ bei den Arbeitsaufträgen, zu offene/komplexe kooperative Arbeitsformen ...), benennen Sie diese klar und machen Sie selbst Verbesserungsvorschläge, zum Beispiel eine sinnvolle „Vorentlastung“. Ist der Zeitmangel vorwiegend der Durchführung geschuldet (stärkere/geringere Schülerbeteiligung als sonst, mehr Nachfragen bei den Arbeitsaufträgen ...), nennen Sie auch hier die Gründe dafür und zeigen Sie möglichst schon Alternativen auf. Je mehr Sie selbst in der Lage sind, auf Verbesserungsideen für Ihr Zeitmanagement einzugehen, desto weniger Vorhaltungen müssen Sie sich machen lassen.

In dem Maße, wie Sie Fehler selbst ansprechen, zeigen Sie Ihre Fähigkeit, sich von Ihrer eigenen Stunde zu distanzieren und selbstkritisch damit umzugehen. Das bringt „Punkte“ in Sachen Reflexionsfähigkeit und Reflexionshorizont. Die Mängel, die Sie selbst erkannt und benannt haben, brauchen dann nicht mehr vom SAB auf den Tisch gelegt zu werden. Es bedeutet aber nicht, dass Sie in eine Art Selbstanklage verfallen müssen. Sprechen Sie in Ihrem Statement zu Beginn der UNB ruhig alles Negative sachlich an und nennen Sie auch schon Alternativen zum Vorgehen; vergessen Sie aber die positiven Aspekte nicht. Wo immer möglich, sollten Sie bei Ihrer Konzeption bleiben; denn Sie haben dafür ja gute Gründe gehabt, die nicht plötzlich alle falsch gewesen sein können.

42 Lässt sich aus der Dauer der UNB schließen, wie „schlecht“ die Stunde war? Ist es normal, dass die Kritik bei der UNB immer im Vordergrund steht?

Es wird wohl statistisch so sein, dass die meiste Zeit in UNBen auf Verbesserungswürdiges verwendet wird. Das ist insofern „normal“ und undramatisch. Entscheidend ist jedoch, ob das Gesprächsklima insgesamt konstruktiv und förderlich ist, ob Ihre Stärken ebenso gewürdigt werden und ob das Interesse an Ihren Lernfortschritten bei den Ausbildern spürbar wird.

Die Dauer der Gesprächszeit einer Nachbesprechung (oder auch die Anzahl der angesprochenen Punkte), die auf die Optimierung des Unterrichts (positiv ausgedrückt) verwendet wird, ist kein geeigneter Gradmesser für die Qualität einer Stunde. Es ist nämlich problemlos möglich, auch über eine Stunde, die im sehr guten Bereich liegt, lange zu diskutieren. Hier geht es dann eben um Feinheiten. Selbst bei einer Stunde, die glatt 1 wäre, kann kontrovers oder im Sinne von möglichen Alternativen gesprochen werden – und das wird es auch. Schließlich ist auch der Aspekt, wie man ein optimal geeignetes Unterrichtselement bzw. einen bestens gewählten Schritt auf neue Inhalte und Fragestellungen hin transferierbar machen kann, eine Unterhaltung wert.

43 Was mache ich, wenn mir ein schulischer Ausbilder bei der UNB in den Rücken fällt oder hinter meinem Rücken gegenüber dem SAB Bedenken über meinen Unterricht äußert?

▶ 27
▶ 46
▶ 48
▶ 49
▶ 55

Hier sind einige Problemdimensionen zu unterscheiden:

- Wie steht es grundsätzlich mit Ihrer Bereitschaft bzw. Fähigkeit, Kritik entgegenzunehmen und damit umzugehen? Nicht jede kritische Äußerung bedeutet, dass Ihnen jemand in den Rücken fällt. Von Hinweisen in konstruktiv-kritischem Klima können Sie durchaus profitieren. Es wäre von Vorteil, wenn eine gewisse Kritikfestigkeit mit zu Ihrer Grundhaltung in der Ausbildung gehörte.
- Es wäre abwegig anzunehmen, dass in Beratungen mit Teilnehmern aus Schule und Seminar wie selbstverständlich Koalitionen gebildet werden, in denen man nur taktisch mit den gezeigten Leistungen umgeht. Im Gegenteil sollten Offenheit, Benennung von Verbesserungswürdigem und Aufzeigen von Lösungsperspektiven die Devise sein.
- Wie ist Ihr Verhältnis zu Ihren Ausbildern beschaffen? Wie sind die Gepflogenheiten im Alltag bei der Besprechung Ihres Unterrichts mit dem AL? Wenn jene Offenheit vorherrscht, ist das eine gute Basis, auch für die gemeinsame Beratung in der UNB.
- Wenn kein so günstiges Ausbildungsklima vorherrscht, sollten Sie die Wirkung von defizitorientierten Urteilen in dieser Leistungssituation „UNB“ in einem Gespräch vor dem UB thematisieren, falls Sie sich dazu in der Lage sehen.
- Wie ist das Verhältnis zu Ihrem SAB beschaffen? Wenn auch hier jene offene Ausbildungs- und Lernhaltung gilt, steht einer gedeihlichen Zusammenarbeit bei der Beratung nichts im Wege. Wenn Sie befürchten, dass Ihr SAB Darlegungen Ihrer Schwächen seitens Dritter als willkommene Vorlagen nutzt, um Sie schlechter zu bewerten, dann sollten Sie mit einer gewissen Vorsicht-Strategie in dieses Gespräch gehen, wozu nun auch eine Vereinbarung mit dem AL über die Äußerung von Kritik gehören kann. Schließlich werden Sie von zwei Institutionen beurteilt, die voneinander weitgehend unabhängig sein und sich nicht in Negativ-Urteilen potenzieren sollten.

44 Ab wann ist es sinnvoll, nach einer Note für den UB zu fragen?

Das hängt ein wenig davon ab, wie viele UBe in Ihrem Bundesland vorgeschrieben sind. Eventuell gibt es dazu auch in Ihrem Seminar feste Regeln. Vor dem dritten UB macht eine Frage nach der Note wenig Sinn. Vor allem werden meist auch keine ausbildungsstandbezogenen Noten gegeben – die Note bezieht sich darauf, wie die Unterrichtsstunde am Prüfungstag beurteilt worden wäre.

Etwa ab dem dritten UB ist allerdings der Mut gefragt, sich an der hohen Norm des Examens vorzeitig messen zu lassen. Den sollten Sie auch aufbringen, da Sie sich danach klare Entwicklungsziele setzen können und sich nicht in unrealistischen Notenregionen bewegen.

Tipp: Erwarten Sie viel von sich, aber überfordern Sie sich nicht; denn Überforderungen lösen nur unguten Stress aus und hemmen die Motivation. Aber unterfordern Sie sich auch nicht; denn es sollte schon Ihr Ziel sein, ein guter Lehrer zu werden (was letztlich jedoch keine Frage der Benotung ist!).

45 Ein Schüler hat sich während eines UBs unverschämt benommen. Bei der UNB ist der SAB nur kurz darauf eingegangen. Kriege ich jetzt Probleme mit dem SAB?

Ein wirklich guter Ausbilder merkt so etwas schnell und wird (ggf. auch in Ihrer Abwesenheit) nochmals mit dem AL/Mentor über den Vorfall sprechen. Ihnen wird daraus kein Schaden entstehen.

- Kümmern Sie sich lieber um den Schüler. Nehmen Sie sich Zeit für ein Vier-Augen-Gespräch über sein Verhalten während des UBs, in welchem Sie die gewünschte Verhaltensänderung anbahnen. Wenn ein gravierendes Erziehungsproblem dahinterzustecken scheint, suchen Sie Rat und Hilfe beim Klassenlehrer und/oder bei Ihrem AL. Natürlich sollten Sie dies an passender Stelle Ihres pädagogischen Seminars (Kernseminar etc.) auch zum Thema für alle Teilnehmer machen.
- Gehen Sie künftig bei Ihren Planungen bzw. dem Verfassen des SUEs prophylaktisch auf derartige Fälle ein. Schreiben Sie im Abschnitt Lerngruppenanalyse, dass die Klasse so und so sei und diese und jene Kompetenzen habe – und dass ein Schüler X eine Sonderstellung einnehme, die sich folgendermaßen darstelle … Erwähnen Sie auch Maßnahmen, die Sie im Umgang mit dem Schüler bereits ergriffen haben.

46 Mein Englisch-SAB hat mir in der UNB vorgeworfen, mein Englisch sei defizitär und ich sei kein sprachliches Vorbild. Was soll ich tun?

▶ 40

Bitten Sie Ihren SAB um konkrete Beratung, was Sie zur Verbesserung Ihrer Sprachkompetenz tun sollen.

- Kurzfristig hilft es Ihnen, Ihren Sprachanteil auf ein Minimum zu reduzieren und die Schüler reden zu lassen! Wählen Sie dazu geeignete Sozialformen.
- Schreiben Sie vor weiteren Stunden, nicht nur vor UBen alles, was Sie sagen möchten, eins zu eins auf Karteikarten – und zwar in gutem, stilistisch ausgereiftem Englisch. „Natürlich" wird der Sprachfluss im UB von allein. Lernen Sie ALLES, was Sie auf Englisch sagen, auswendig! Sei es die Begrüßung, sei es eine Arbeitsanweisung, seien es Fragen und Impulse.
- Spielen Sie Ihren UB auch zu Hause durch. Führen Sie Selbstgespräche und üben Sie alle Gesprächsphasen ein. So lernen Sie nicht nur die Stunde kennen, sondern entdecken auch mögliche Fallstricke bzw. Fragen, die die Schüler stellen könnten. Zudem werden Sie inhaltlich so gefestigt und wissen im UB dann tatsächlich, wohin die Reise gehen soll, sodass Spontanität kein Problem mehr ist – weder inhaltlich noch sprachlich, denn Sie kennen den Weg und das Ziel.
- Am wichtigsten aber: Machen Sie mindestens einen Sprachkurs in den Ferien! Besuchen Sie „inkognito" Fortgeschrittenenkurse der Volkshochschule zur Festigung der Konversation!

47 Aus Verwirrung habe ich beim UB die Stunde vorzeitig beendet: Zeitirrtum. Wie kann ich das zukünftig vermeiden?

▶ 36
▶ 37
▶ 41

Die Wahrscheinlichkeit, dass Ihnen das noch häufig passiert, ist auf Grund des Erlebten relativ gering. Zum einen hat diese Erfahrung Ihre gezielte Aufmerksamkeit geweckt, zum anderen wird Ihr Zeitgefühl für Unterrichtseinheiten und -phasen im Verlauf Ihrer weiteren Tätigkeit immer genauer.

Falls Sie sich jedoch nicht sicher sind, stellen Sie sich eine kleine Uhr auf das Lehrerpult. Zur Methodik von Be- und Entschleunigung des Unterrichts s. 37.

48 Mein AL hat sich in meine UB-Planung eingemischt und selbst am meisten geplant. Bei der UNB wurde dann alles vom SAB zerpflückt. Wie soll ich mich nun verhalten?

Hätte Ihr AL in der UNB einen Großteil der Verantwortung übernommen, wäre seitens des SABs die mangelnde Eigenständigkeit zu thematisieren gewesen. Diese ist aber ein unverzichtbares Leistungskriterium, das Sie im Examen sogar mit Unterschrift besiegeln müssen. Also ist das Hauptaugenmerk nun darauf zu richten, dass Sie in der Planung – auch wenn Ihnen jemand zur Seite steht – in die volle Verantwortung für das hineinwachsen, was Sie im Unterricht anbieten. Sie sind es, der die Tipps letztlich prüfen, gewichten, modifizieren und sich zur Übernahme oder Verwerfung entschließen muss. Diesen Gesamtzuammenhang, insbesondere das Handlungsziel der Eigenständigkeit, sollten Sie mit Ihrem AL besprechen, damit er Sie bei dessen Erreichung im alltäglichen Unterrichten nach Kräften unterstützen kann. Wenn Sie erreichen, dass Ihr AL Ihnen zunehmend freie Hand lässt, haben Sie sich selbst eine Basis für die Weiterentwicklung geschaffen. Ob er sich in der UNB zu seinem Anteil bekennen soll, ist dann keine Frage mehr.

49 Mein SAB hat mich in einer UNB wegen einiger Fehler regelrecht „demontiert". Wie kann ich mich dagegen wehren, dass er mich noch einmal so demütigt?

Wenn Sie eine UNB so heftig als Demütigung erlebt haben, sollten Sie dagegen etwas unternehmen, um einerseits die Wiederholung einer solchen Erfahrung auszuschließen und um andererseits das negative Erlebnis selbst so zu verarbeiten, dass Sie wieder mit Zuversicht und Selbstbewusstsein Ihre Arbeit aufnehmen können.

- Wenn Sie trotz der Erfahrung immer noch davon ausgehen, dass keine besondere zwischenmenschliche Störung zwischen Ihnen und Ihrem SAB vorliegt (dass die einseitige Kritik also „nur" ein unbedachter Missgriff bzw. ein Überziehen seiner Rolle war), können Sie versuchen, in einem Vier-Augen-Gespräch die Situation einschließlich der negativen Erlebniswerte aus Ihrer Sicht darzulegen, und dabei Ihre Sorge um den positiven Fortgang Ihrer Ausbildung klar zur Sprache zu bringen. Berufen Sie sich dabei getrost auf den Standard der Ressourcenorientierung, den Sie in der erlebten Situation verletzt sehen. Erinnern Sie daran, dass Sie unbedingt auch Feedback über bereits Erreichtes benötigen, um motiviert weiter an sich arbeiten zu können.
- Falls Sie das Verhältnis zu Ihrem SAB als beschädigt ansehen, sollten Sie ebenfalls das Gespräch suchen, diesmal aber mit einem geeigneten Unterstützer (AL, LAA). Die vermuteten Störungen in der Beziehung müssten dann von Ihnen mutig als Thema benannt werden. Sollten solche zur Sprache kommen, wären Ansätze zu deren Beseitigung zu erörtern.

Nur so bleiben Sie zielorientiert und bewirken höchstwahrscheinlich eine größere Klarheit als vor dem Gespräch. Möglicherweise wird seitens des SABs geäußert, dass keinerlei zwischenmenschliche Störung vorliegt. Dann können Sie zur oben empfohlenen Strategie zurückkehren und auf der Sachebene benennen, was Sie in der Ausbildung benötigen, um Ihren Leistungsstand zu verbessern.

- Zusätzlich zu dem Vier- bzw. Sechs-Augen-Gespräch, und zwar entweder davor oder danach oder beides, kann es äußerst hilfreich sein, eine Beratung mit Coaching-Elementen in Anspruch zu nehmen, um gerade das angegriffene Selbstbewusstsein wieder zu stärken. Diese Beratung ist in manchen Bundesländern Teil des Ausbildungssystems mit einem den LAA zugeordneten SAB in einer Coaching-Rolle. Wo das nicht der Fall ist, dürfte auf jeden Fall die Möglichkeit einer Kollegialen Fallberatung bestehen (KOFABE), die in Schulen oder Seminargruppen bereits installiert sein bzw. schnell arrangiert werden kann.

Zum Weiterlesen:

- *Schlee, Jörg (2012): Kollegiale Beratung und Supervision für pädagogische Berufe. Hilfe zur Selbsthilfe. Ein Arbeitsbuch. 3. Aufl. Kohlhammer: Stuttgart.*

50 Mein SAB hat nie wirklich Zeit für die UNB: Es gibt eigentlich nur eine Negativrunde, in der er das große Wort führt. Wie soll ich künftig damit umgehen?

▶ 38
▶ 39
▶ 40
▶ 58

Eine reine Fehlerorientierung ist in der modernen Lehrerausbildung nicht vorgesehen und, sollte sie praktiziert werden, nicht hinnehmbar. Unakzeptabel ist zudem, dass die Orientierung an Ressourcen, d. h. an im positiven Sinne bereits Erreichtem, allein aus Zeitgründen ausfallen soll. Das ist es schließlich, was Sie aufbaut, woraus Sie neue Kräfte ziehen und was Sie für das Alltagsgeschäft belastbar macht. Es hilft nichts: Diese Seite der Ausbildung ist ein Recht, das Sie einfordern müssen, mit der dafür erforderlichen Beratungszeit. Dringend erforderlich wäre hier die Unterstützung durch eine Art Coach.

51 Mein SAB neigt dazu, die UNB auf zwei bis drei Stunden auszudehnen. Meine AL und ABB klinken sich einfach irgendwann aus. Aber was mache ich künftig dagegen?

Sagen Sie Ihrem SAB zunächst bei passender Gelegenheit, dass Sie ihm dafür dankbar sind, wenn er sich so viel Zeit für Sie nimmt. Bitten Sie ihn dann, zusammen mit AL und ABB sowie mit Ihnen zu Beginn der nächsten UNB einen Zeitrahmen festzulegen. In der Regel sollten 45–60 Minuten reichen. Überlegen Sie auch, ob Sie nach der UNB noch andere dienstliche Verpflichtungen haben, und teilen Sie das Ihrem SAB früh genug mit.

52 Mein SAB hat mir geraten, mich besser zu kleiden und mich während der Stunde nicht aufs Pult zu setzen. Muss ich mir so etwas sagen lassen?

Natürlich können Sie Ihren Gefühlen freien Lauf lassen und gekränkt, beleidigt oder empört sein. Hilfreicher wäre es, diese Kritik unemotional aufzunehmen. Stellen Sie sich, so wie Sie gekleidet waren, vor den Spiegel und betrachten Sie sich:

- Sind Sie vielleicht doch noch eher „studentisch" angezogen? Ist Ihre Kleidung zu nachlässig, zu offenherzig oder gleicht sie doch eher der der Schüler? Wie ist denn der Durchschnitt der Kollegen gekleidet? Können Sie sich dazu durchringen, sich den besser Angezogenen anzugleichen? Wenn ja, werden Sie möglicherweise ein kleines Wunder erleben: Korrekt gekleidet genießen Sie mehr Respekt bei den Schülern und auch im Kollegium. Natürlich müssen Sie nicht gleich wie ein Mitarbeiter einer Bank aussehen.
  Sich aufs Pult zu setzen macht auch nicht unbedingt einen vorteilhaften Eindruck. Überlegen Sie sich, ob Ihr Habitus wirklich in Ihre Schule passt – wenn nicht, ziehen Sie die Konsequenzen.
- In vielen Berufen gelten Dresscodes – vom Overall der Müllmänner bis zum Designeranzug des Politikers. Weil es im Lehrerberuf keine klaren Regelungen gibt, wird in der Lehrerausbildung dafür sensibilisiert, sich angemessen zu kleiden und auf eine gepflegte Erscheinung zu achten. Wie in anderen Berufen auch hat die Bekleidung in der Schule bestimmte Kriterien zu erfüllen. Neben dem untergeordneten Aspekt der Funktionalität gilt auch hier die Vorbildfunktion. Ihre Kleidung ist Ausdruck von Distanz und Nähe sowie Ihrer ganz individuellen Persönlichkeit. Nicht außer Acht zu lassen ist die Repräsentanzfunktion.
- Innerhalb dieser Kriterien haben Sie große Freiheiten, auch für modisches Aussehen. Lehrer kleiden sich häufig fantasielos und nicht besonders modisch – eher konservativ und nicht sehr trendbewusst. Statt immer nur die übliche Kombination Rock/Bluse oder Hose/Pullover in langweiligen Farben zu tragen, würde etwas mehr Mut zu Farbe und modischen Details der einen oder dem anderen gut zu Gesicht stehen. Das könnte den öden Schulalltag

aufhellen. Bauchfrei mit Hüfthosen, tiefen Ausschnitten und sichtbaren Dessous, kurze Hosen und Wandersandalen oder Flip-Flops gehen dagegen gar nicht. Auch Miniröcke und Baggy Pants sollten besser im Schrank bleiben. Deswegen sollten Sie aber auch nicht direkt zum Nadelstreifenanzug mit Hemd und Krawatte oder zum „kleinen Schwarzen“ greifen.

- Ausgerechnet von Lehrern, die als engagierte Pädagogen gelten, wird die Bedeutung von Kleidung gern vernachlässigt. Dabei ist aus entsprechenden Untersuchungen bekannt, wie stark die Wirkung von Kleidung ist, auch wenn diese meist unbewusst stattfindet.
- Kleidung sagt klar etwas über ihren Träger aus. Sie signalisiert, welchen Geschmack er hat und welchen gesellschaftlichen Gruppen er sich zugehörig fühlt. Aber auch unmittelbare Botschaften werden ausgesendet: Saubere, neuwertige Schuhe oder abgelaufene Latschen? Hosen ohne Gürtel? Knittrige Hemden und T-Shirts? Diese Details signalisieren unbewusst Nachlässigkeit und mangelnde Sorgfalt – damit wird auch die Persönlichkeit von Lehrern infrage gestellt, vor allem, wenn sie sich über die kleinen Nachlässigkeiten von Schülern beschweren.

Summa summarum sollten gerade angehende Lehrer durch die Beachtung ihrer Kleiderordnung dazu beitragen, dass sich ihr Ansehen (im wahrsten Sinne des Wortes) und damit auch der Stellenwert von Pädagogen in der Schule und in der Gesellschaft verbessern. Wobei es gerade bei solchen Gelegenheiten ratsam ist, sich vom Freiherrn von Knigge sagen zu lassen: „Kleide dich nicht unter und nicht über deinen Stand; nicht über und nicht unter dein Vermögen; nicht fantastisch; nicht bunt; nicht ohne Not prächtig, glänzend noch kostbar; aber reinlich, geschmackvoll, und wo du Aufwand machen musst, da sei dein Aufwand zugleich solide und schön. Zeichne dich weder durch altväterliche, noch jede neumodische Torheit nachahmende Kleidung aus. Wende einige größere Aufmerksamkeit auf deinen Anzug, wenn du in der großen Welt erscheinen willst. Man ist in Gesellschaft verstimmt, sobald man sich bewusst ist, in einer unangenehmen Ausstaffierung aufzutreten.“ *(Adolph Freiherr von Knigge (1788): Über den Umgang mit Menschen. Schmidt: Hannover 1788. Hier nach der 3., erweiterten Auflage, 1790, S. 36)*

53 Im Verlaufe einer UNB wurde das Gespräch sehr persönlich. Muss ich mir Unverschämtheiten und unsachliche Bemerkungen auf der emotionalen Ebene bieten lassen?

▶ 49
▶ 52

Da die Rollen von LAA und SAB durch eine Ausbildungsordnung geregelt sind, entbehren Angriffe auf die Person (in Form von verdeckten Seitenhieben auf das Outfit, die Stimme oder andere persönliche Eigenheiten) jeder Grundlage. Da von Ihnen in jedem Fall die Ausprägung von Sozialkompetenz als verbindliches Element Ihrer Handlungskompetenz verlangt wird, ist es Ihr Recht, Verstöße in diesem Bereich zu monieren. Bleiben Sie selbst dabei im Ton stets moderat, d. h. professionell.

54 Wenn ich in einer UNB sitze, ist mir vor Aufregung oft nicht ganz klar, was meine SAB mir eigentlich sagen wollen. Wie kann ich das ändern?

Durch die Inanspruchnahme von Strukturierungshilfen können Sie bereits in der häuslichen Vorbereitung auf die UNB den Pegel der Aufgeregtheit senken. Zu Hause können Sie sich in Ruhe den Beratungskontext verdeutlichen, in dem Sie mit dem SAB gerade stehen.

- Zwar kommen in jeder neuen Stunde weitere Aspekte für die didaktische Diskussion hinzu, jedoch gilt ein besonderes Augenmerk Punkten, die beim letzten Mal Gegenstand von Vereinbarungen waren (s. auch die Portfolio-Praxis, falls diese in Ihrem Seminar gepflegt wird!). Wenn Sie sich also bewusst in diesen Kontext versetzen, haben Sie eine Ausrichtung auch für das neue Gespräch, z. B. in Form der Frage: Wie habe ich diesmal meine Impulse gestaltet? Habe ich den Schülern danach Zeit zum Nachdenken gegeben? etc.
- In der kleinen Pause zwischen Stunde und UNB können Sie dann aktuell in das Schema für Ihr Statement Punkte eintragen, die Ihnen aufgefallen sind. Diese Aktivitäten sollten Sie bewusst ausführen, da sie ein Mindestmaß an Sicherheit bieten.
- Zwar können Sie jetzt immer noch aufgeregt sein, aber durch die Aspekte, die Sie beisteuern, vermindern Sie das unangenehme Gefühl, mehr oder weniger fremdbestimmt zu sein.
- Was Ihre SAB als Botschaft hinterlassen möchten, wird andererseits ja nicht ex cathedra verkündet, sondern im Regelfall mit Ihnen aus den gemeinsam gemachten Beobachtungen und Äußerungen entwickelt. Wenn Sie sich auf all diese Punkte konzentrieren, wird Ihre Standfestigkeit und damit Ihre Selbstbehauptung in der UNB sicher wachsen.
- Unbenommen bleibt Ihnen, neben alledem um Wiederholung und Erläuterung zu bitten, wenn Ihnen doch noch etwas unklar geblieben ist.

Jede gute UNB sollte am Ende Raum für Wiederholung, Fokussierung und Gewichtung bieten. Hierauf dürfen Sie verweisen, wenn noch unsortierte Vielfalt vorherrscht.

Tipp: Grundsätzlich sollten Sie bei starker Aufgeregtheit ähnlich vorgehen wie beim Lampenfieber oder bei Prüfungsangst im Unterricht (s. 14).

55 Meine ABB bestätigt stets den SAB, wenn es um negative Punkte geht. Was soll ich machen, um zu verhindern, dass ihre Kritik ins Schulleitergutachten eingeht?

▶ 27
▶ 43

Solange es um sachlich begründete Kritik geht, können Sie nicht erwarten, dass Ihre ABB sich der SAB-Kritik entgegenstellt. Ob jemand auf Ihrer Seite steht, bemisst sich daran, ob er Ihnen das Gefühl vermittelt, an Ihrer Weiterentwicklung interessiert zu sein und Sie zu fördern. Das schließt Kritik ein, allerdings auch – und dies vor allem – Ermutigung, Lob für Fortschritte im Einzelnen sowie Wertschätzung im Allgemeinen. Sie müssen hier also zunächst nichts tun.

Registrieren Sie dieses Verhältnis von Lob und Kritik und teilen Sie gegebenenfalls offen mit, was Sie vermissen oder als unverhältnismäßig empfinden.

56 Mein SAB hat mir auf Nachfrage eine 4 für den UB gegeben, obwohl es nur zwei „zentrale" Punkte gab, die er kritisierte. Ist dann eine 4 gerechtfertigt?

Ohne zu wissen, worum es sich bei den festgestellten Defiziten genau handelt: Zwei zentrale Kritikpunkte bzw. gravierende Mängel können in der Tat dazu führen, dass eine Stunde als nur „ausreichend" bewertet wird. Bitten Sie Ihren SAB zeitnah, Ihnen seine Bewertung noch einmal unter Gewichtung der Vorzüge und Mängel der Stunde zu erläutern, damit Sie die negative Beurteilung besser nachvollziehen können. Schließlich wollen Sie daraus ja lernen, indem Sie Verbesserungsmöglichkeiten ableiten können.

57 Meine UNB ist von der Atmosphäre her ganz schlecht verlaufen, weil ich mit der ungefilterten Kritik und der Note nicht souverän umgehen konnte. Soll ich noch einmal auf den SAB zugehen und um ein weiteres Gespräch bitten?

Das hängt vom Ausmaß Ihres Unbehagens ab. Wenn die erlebte Situation Anlass zu andauernder Sorge um den Erfolg Ihrer Ausbildung wird und Ihre Handlungsfähigkeit stark beeinträchtigt, dann sollten Sie ein weiteres Gespräch suchen, in welchem Sie sich für Ihre unmittelbaren Interessen einsetzen können.

Sie sollten den von Ihnen zu verantwortenden Anteil an der atmosphärischen Störung (Umgang mit Kritik bzw. mit der erteilten Zwischennote) benennen und bedauern. Zugleich haben Sie die Möglichkeit, Ihre Reaktion zu erläutern („ungefilterte Kritik") und vorausschauend um eine konstruktive Art künftiger Notenmitteilungen zu bitten.

Teilen Sie jedoch Ihre Bemerkungen aus der Ich-Perspektive mit, indem Sie beschreiben, wie bestimmte Bemerkungen auf Sie wirken, und erläutern Sie, wie Sie sich Kritik wünschen. Machen Sie deutlich, dass es Ihnen nicht primär um die Berechtigung der Kritik geht, sondern um deren Vermittlung; dass Sie sich besser (sachlicher und souveräner) mit Kritik auseinandersetzen können, wenn sie verbindlich und freundlich vorgetragen wird.

Aus einer scheinbar festgefahrenen Situation kann man am ehesten herauskommen, wenn man eine akzeptable Verhaltensänderung anbietet; in Ihrem Fall z. B. einen konkreten Umsetzungsversuch zu einer geäußerten Kritik.

58 Mein SAB behandelt mich bei den UBen ungerecht, nichts als Kritik. Wie soll ich mich verhalten?

Sprechen Sie Ihren SAB so bald wie möglich bei einer geeigneten Gelegenheit an. Bitten Sie ihn auf jeden Fall, bei der nächsten UNB auch die positven Aspekte von Planung und Durchführung explizit zu benennen.

Denken Sie darüber nach, ob Sie wirklich in der Lage sind, einen einigermaßen objektiven Vergleich zwischen sich und Ihren Mitreferendaren hinsichtlich der UNB herzustellen. Anders als Schüler im Unterricht erleben Sie ja die Aktivitäten Ihrer Mitreferendare nicht täglich mit, wenn Sie davon überhaupt je Kenntnis erhalten.

Überlegen Sie weiterhin, wie Sie Ihren Unterricht anhand der genannten Kritikpunkte Schritt für Schritt konkret verbessern können.

59 Als mich mein SAB in der UNB stark angriff, mischte sich mein AL ein und sagte ihm die Meinung. Ich war still und fand die Einmischung nicht hilfreich. Wie soll ich mich nun gegenüber beiden verhalten?

Entweder hatte Ihr SAB einen schlechten Tag – was nicht vorkommen sollte, aber vorkommen kann – oder er hält sich nicht an grundlegende Regeln der UNB.

- Dazu gehören vor allem ein respektvoller Umgang und das Vermeiden von Monologen. Sprechen Sie Ihren SAB möglichst zeitnah noch einmal an. Teilen Sie ihm mit, welche Kritikpunkte Sie nachvollziehen können und wie Sie damit im Sinne von Verbesserungsvorschlägen umgehen wollen. Sagen Sie ihm aber auch, dass Sie sich während der UNB sehr unwohl gefühlt haben, und nennen Sie Gründe dafür. Sprechen Sie dabei nur von sich. Bedauern Sie ihm gegenüber auch, dass es so weit gekommen ist, dass der AL sich eingemischt hat, und dies Ihre negativen Gefühle noch verstärkt hat. Bitten Sie Ihren SAB, weiterhin konstruktive Kritik zu üben und diese in Form von Verbesserungsvorschlägen im gemeinsamen Gespräch zu erörtern.

- Bitten Sie Ihren AL ebenfalls zeitnah um ein Gespräch. Bedanken Sie sich bei ihm für seine Fürsorglichkeit und sagen Sie ihm gleichzeitig, dass Sie selbst es lernen möchten und müssen, tatsächlich oder vermeintlich überspitzter oder unangemessener Kritik zu begegnen. Vereinbaren Sie mit ihm, dass Sie dies in einer vergleichbaren Situation bewusst selbst in die Hand nehmen und Ihre Eigenständigkeit erproben wollen.

60 Weil ich direkt vor meinem UB als Vertretung eingesetzt wurde, konnte ich den Klassenraum nicht wie geplant vorbereiten. Soll ich mich deswegen beschweren?

Sie sollten dies in jedem Fall zum Thema eines Gesprächs mit dem (stellvertretenden) SchL oder dem zuständigen „Stundenplanmacher" machen. Überlegen Sie jedoch vorher, ob an der entsprechenden Stelle überhaupt bekannt war, dass Sie einen UB hatten.

Grundsätzlich ist es natürlich so, dass auch Sie zu einer Vertretung eingesetzt werden können, wenn es keine andere Lösung gibt; denn Vertretungsunterricht ist aus rechtlichen Gründen zu erteilen (Aufsichtspflicht der Schule).

Dennoch sollte es in der Regel möglich sein, auf Ihre UBe Rücksicht zu nehmen. Teilen Sie zukünftig (mündlich und schriftlich) der zuständigen Stelle mit, dass Sie einen UB haben, und bitten Sie zugleich darum, dass Sie weder in der Stunde vorher (wegen der Vorbereitung) noch in der Stunde nachher (wegen der UNB) für Vertretungen eingesetzt werden.

Sollte es ausnahmsweise mit der zuständigen Stelle bzw. mit dem SchL keine einvernehmliche Lösung geben, dann gehen Sie zum Seminarleiter und tragen ihm das Problem vor; denn es ist Aufgabe des Seminarleiters, dafür Sorge zu tragen, dass alle berechtigten Anliegen berücksichtigt und miteinander abgeglichen werden.

Grundsätzlich sollten Sie darauf bedacht sein, dass Ihr SchL Sie kennt. Weichen Sie ihm nicht aus, sondern suchen Sie regelmäßig im Schulalltag Kontakt zu ihm.

61 Wodurch unterscheidet sich der UB durch meinen SchL vom UB durch meinen SAB?

Der SchL nimmt Sie und Ihren Unterricht mit einer anderen Brille und aus einer anderen Perspektive wahr als Ihr SAB. Stehen bei Ihrem SAB didaktisch-methodische Fragen der Unterrichtsplanung und Unterrichtsgestaltung im Vordergrund, achtet Ihr SchL mehr auf Ihre alltagspraktische Tauglichkeit im Umgang mit Schülern und auf Ihre Fähigkeit, möglichst ungestörten Unterricht zu erteilen.

Dies bedeutet allerdings nicht, dass Ihr SchL von Ihnen keinen didaktisch-methodisch anspruchsvollen Unterricht sehen will. Denn gerade von den jungen Lehrern möchte er einen „modernen" Unterricht sehen, in dem verschiedene Methoden eingesetzt werden, um Schüleraktivtäten zu fördern. Also: auch beim SchL möglichst keinen „Frontalunterricht" geben. Im Übrigen kennt sich ein SchL in der Regel mit herkömmlichen Methoden sehr gut aus, sodass ihm auch kleinere Fehler oder Defizite schnell auffallen.

Zeigen Sie bei UBen durch Ihren SchL durchaus, dass Sie solche „modernen" Formen der Unterrichtsgestaltung beherrschen. Dies bedeutet: In diesen UBen sollen Sie keine neuen Formen erproben oder einüben, sondern beherrschen, also „können".

62 Gibt es bei dem UB durch meinen SchL etwas, worauf ich besonders achten muss? Was ist mit alltagspraktischer Tauglichkeit gemeint?

Ihr SchL wird Sie zunächst unter folgender Fragestellung wahrnehmen: Würde ich diesen LAA gern als Lehrer an meiner Schule sehen? Aus dieser Frage ergeben sich bereits die Kriterien der Beobachtung:

a) Umgang mit den Schülern
b) Umgang mit der Situation
c) Umgang mit den Aufgaben und Pflichten

Zu a)

- Ist der LAA freundlich, verbindlich, offen?
- Geht er mit den Schülern respektvoll um?
- Gibt er sich eher kumpelhaft oder verhält er sich distanziert?
- Achtet er auf die richtige Balance von Nähe und Distanz?
- Begrüßt er die Schüler zum Beginn des Unterrichts?
- Achtet er darauf, dass auch die Schüler miteinander freundlich und respektvoll umgehen?
- Achtet er darauf , dass soziale Regeln und Standards eingehalten werden?
- …

Zu b)

- Achtet er auf den Zustand des Klassenraums (sauber, dreckig, aufgeräumt …)?
- Achtet er am Ende der Stunde darauf, dass die Tafel gewischt wird, der Raum in Ordnung gebracht wird etc.?
- Achtet er darauf, dass die Schüler auf ihren Plätzen sind, dass sie konzentriert sind?
- Achtet er darauf, dass die Schüler nur ihr Material für diese Stunde auf der Bank haben?
- …

Zu c)

- Überprüft er die Anwesenheit der Schüler und kontrolliert er dies im Klassenbuch?
- Trägt er Versäumnisse und Verspätungen ins Klassenbuch ein?
- Trägt er am Ende der Stunde Unterrichtsinhalte und Hausaufgaben ins Klassenbuch ein?
- Beginnt und beendet er seinen Unterricht pünktlich?
- Nimmt er wenn notwendig im Unterricht Erziehungsaufgaben wahr?
- …

Wie Sie leicht sehen können, sind dies Beobachtungen, die Sie als Lehrer besonders in der Erzieherfunktion kennzeichnen. Und wie Sie auch leicht einsehen können, ist diese Funktion im Alltag einer Schule, aber gerade auch für die Erziehung der Schüler ungeheuer wichtig. Beobachten Sie sich selbst und Ihre Kollegen, ob Sie sich Ihrer Erzieher- und Vorbildfunktion immer bewusst sind bzw. ob Sie diese Funktionen in der Regel „selbstverständlich" im Unterricht und außerhalb des Unterrichts wahrnehmen.
Hinweis: Watzlawicks Kommunikationsaxiom „Man kann nicht nicht kommunizieren" lässt sich gut auf das Lehrerdasein übertragen: „Man kann in der Schule und im Unterricht nicht nicht erziehen, auch wenn man sich nur auf den Unterricht beschränken will." In der Schule und im Unterricht findet grundsätzlich immer auch Erziehung statt, nicht nur dann, wenn man den Unterricht bewusst mit Erziehungsaufgaben verknüpft, sondern gerade auch dann, wenn man auf Erziehung nicht achtet. Dann treten die „heimlichen" Erzieher auf, die fatalerweise nicht selten „unheimlich" wirksam sind.
Tipp: Achten Sie darauf, dass Sie kein „heimlicher" Erzieher sind, sondern bewusst Ihre Erziehungsaufgabe wahrnehmen – in der Schule und im Unterricht.

Zum Weiterlesen:

- *Jansen, Peter (2014): „Heimliche Erzieher". Die unheimlichen Wirkungen von vorgelebten Verhaltensweisen: In: Schulmagazin 5–10. Oldenbourg: München. Heft 7–8/2014, S. 7–14.*

7 (K)EIN SONDERFALL – UNTERRICHTSBESUCHE DURCH DEN SCHULLEITER

63 Worauf achtet mein SchL sonst noch besonders? Wie kann ich erreichen, dass mein Unterricht möglichst wenig gestört wird?

Für eine „gute" Klassenführung sind drei Aufgaben wahrzunehmen:

1. Herstellen einer guten Kommunikation im Unterricht zwischen allen Beteiligten (Schüler-Schüler-Lehrer)
   Das Vorbild des Lehrers in diesem Bereich ist unverzichtbar, wenn der Schüler positive Erfahrungen mit verständigungsorientierter Kommunikation im Unterricht machen soll. Dies bedeutet auch, dass der Lehrer eigene Emotionen (z. B. Verärgerung bei Unterrichtsstörungen) so bewusst kontrolliert, dass eine Kommunikation erhalten bleibt.
2. Eine umsichtige Organisation von Unterricht
   Der Lehrer muss die Lernumgebungen und Lernprozesse vorstrukturieren, vielfältige didaktische und methodische Überlegungen anstellen und Entscheidungen treffen. Diese Aufgabe zielt auf einen gut geplanten Unterricht, somit auf das, was auch in den UBen durch den SAB im Mittelpunkt steht.
3. Eine effektive Regulation von Unterricht
   Im Zentrum steht hier die Aufgabe, Unterrichtsstörungen zu beseitigen, z. B. dadurch, dass Lehrer die Lerndisziplin der Schüler herstellen und garantieren. Dazu sind vielfältige interventive, besonders aber präventive Maßnahmen wichtig (z. B. das Einführen klarer Regeln, die als Basis für einen wirkungsvollen Lehr-Lern-Prozess dienen können).

Als unverzichtbare Maßnahmen einer „guten" Klassenführung werden heute allgemein folgende Kriterien angesehen:

- Reibungslosigkeit und Schwung des Unterrichts: unbedingt dafür sorgen, dass es keine „Leerphasen" gibt, sondern dass der Unterrichtsverlauf flüssig bleibt.
  Beobachtungskriterium für den SchL: Kann der Lehrer Spannung erzeugen und den Unterrichtsfluss gewährleisten?
- Gruppenmobilisierung: unbedingt den Lernprozess der Gesamtgruppe beachten, ohne den einzelnen Schüler aus den Augen zu verlieren.
  Beobachtungskriterium für den SchL: Hat der Lehrer die Klasse im Blick und spricht er alle (!) Schüler an?
- Umsicht und Übersicht: unbedingt neben dem eigentlichen Lehr-Lern-Prozess auch die weiteren Bedingungen des Unterrichts beachten (wie Nebenbei-Kommunikation, Organisationsfragen, Störfaktoren etc.).
  Beobachtungskriterium für den SchL: Hat der Lehrer alle Schüler im Blick und kann er sich um mehrere Dinge gleichzeitig kümmern?
- Disziplinierung: unbedingt Unterrichtsstörungen so unterbinden und beseitigen, dass Lernen stattfinden kann.
  Beobachtungskriterium für den SchL: Kann der Lehrer mit möglichst wenig Aufwand die Disziplin der Schüler herstellen?

- Abwechslung/Herausforderung: unbedingt darauf achten, dass der Unterricht abwechslungsreich und für alle Schüler herausfordernd (interessant) ist.
  Beobachtungskriterium für den SchL: Kann der Lehrer die Schüler durch interessante Unterrichtsinhalte und durch methodische Vielfalt motiveren?

Hier wird deutlich, dass es viele Möglichkeiten gibt, präventiv Unterrichtsstörungen erst gar nicht aufkommen zu lassen. Dennoch treten rein praktisch immer wieder Unterrichtsstörungen auf. Dann kommt es darauf an, interventiv geschickt vorzugehen.
Tipp: Interventive Maßnahmen sollten minimal sein (nicht selbst zu Unterrichtsstörungen werden, z. B. lange Vorträge, emotionale Entladungen), sie sollen Lernen möglichst unmittelbar wieder möglich machen. Dazu müssen diese Maßnahmen klar und eindeutig sein (keine Erklärungen und Diskussionen nach sich ziehen) und sie müssen ernsthaft sein, d. h., sie müssen für den Schüler so glaubwürdig sein, dass er die Störung unterlässt. Besonders gegen das letzte Kriterium wird immer wieder verstoßen, wenn z. B. ohne Konsequenzen immer wieder um Ruhe gebeten wird.

Zum Weiterlesen:

- *Haag, Ludwig / Streber, Doris (2012): Klassenführung. Erfolgreich unterrichten mit Classroom Management. Beltz: Weinheim und Basel.*

64 Weil mein SchL nicht mit meinen SAB zum UB kommen will, sondern lieber allein, habe ich jetzt den doppelten Aufwand. Kann ich dagegen etwas unternehmen?

▶ 66

Da der SchL Sie am Ende Ihrer Ausbildung beurteilen muss, hat er die Pflicht, Ihren Unterricht zu besuchen, und er hat das Recht, dann Ihren Unterricht zu besuchen, wenn es ihm am sinnvollsten erscheint. Sie haben kein Recht darauf, den Aufwand für UBe möglichst zu minimieren, aber ein berechtigtes Bedürfnis, den Ausbildungsaufwand nicht zu verdoppeln.
Wenn Sie sich diese Ausgangssituation klarmachen, dann sehen Sie auch schon, wie Sie mit Ihrem SchL in ein Gespräch kommen können:

- Fragen Sie ihn doch nach seinen Gründen, damit Sie diese Entscheidung nachvollziehen und vielleicht sogar in Ihre Planung einbeziehen können.
- Klären Sie ab, ob er „lieber mal allein kommen" möchte oder ob er grundsätzlich allein kommen möchte.
- Laden Sie Ihren SchL grundsätzlich (und immer sehr rechtzeitig) zu den UBen durch SAB ein. Erläutern Sie ihm kurz, warum der UB auch für ihn interessant sein könnte. Und geben Sie ihm in jedem Fall frühzeitig Ihren SUE.

- Klären Sie auch ab, wie ausführlich Ihr SUE für Ihren SchL sein soll. In der Regel erwartet Ihr SchL keinen so ausführlichen SUE von Ihnen, besonders dann nicht, wenn er sieht, dass Sie für den SAB schon ausführliche SUE machen und dies auch können.

Hinweis: Es kann sogar sehr sinnvoll und für Sie und Ihre Ausbildung sehr hilfreich sein, wenn Ihr SchL Sie einmal allein im Unterricht besucht, weil er sie dann „unbeeinflusst vom Blick durch andere Brillen" wahrnehmen und beobachten kann.

65 Mein SchL hat mich schon zweimal im Unterricht besucht, auch fleißig mitgeschrieben. Über die Stunden gesprochen hat er mit mir aber beide Male nicht. Soll ich das einfordern?

Einfordern können Sie das nicht, denn es gibt keine eindeutige Verpflichtung des SchLs zur UNB. Sie können ihn allenfalls darum bitten: Sagen Sie ihm, dass Sie auf seine Perspektive ebenso viel Wert legen wie auf die Ihrer SAB.

Achten Sie darauf, dass die UNB durch den SchL ähnlich strukturiert ist wie die UNB durch SAB, d.h.,

- dass Sie Stellung zu Ihrem Unterricht beziehen können,
- dass nicht nur negative Beobachtungen, sondern auch positive Merkmale besprochen werden,
- dass am Ende die Beobachtungen gebündelt werden,
- dass eine Beurteilungssperspektive benannt wird.

Hinweis: Sie sollten die Gelegenheit dieser UNB nutzen, auch über die Beobachtungen Ihres SchLs im Schulalltag zu sprechen. Fragen Sie auch da nach Erklärungen und stellen Sie dabei auch Ihre Perspektive dar. Manchmal nimmt ein SchL gar nicht wahr, wo, wie und wie intensiv Sie sich in das schulische Leben einbringen.

Tipp: Da SchL sehr viele verschiedene Aufgaben wahrzunehmen und daher sehr viele terminliche Verpflichtungen haben, ist es gut, wenn Sie bei der Verabredung des UBs gleich auch einen Termin für die UNB mit vereinbaren (von Ihrem SchL und dem Sekretariat im Terminplan eintragen lassen!). Dieser Termin sollte so zeitnah wie möglich am UB liegen.

66 Muss ich für den UB durch meinen SchL auch einen ausführlichen SUE machen?

▶ 64

In der Regel erwartet der SchL für seinen UB keinen so ausführlichen SUE wie der SAB, besonders dann nicht, wenn er sieht, dass Sie solche ausführlichen SUEe beherrschen. Klären Sie dies aber mit ihm ab.

Sie sollten jedoch bei dem kürzeren SUE auf folgende Punkte achten:

a) inhaltlich:

- eine klare Benennung des Stundenthemas
- eine klare Beschreibung des Ziels/der Ziele und der wesentlichen Kompetenzen (nur solche, die auch im Unterricht nachweisbar sind)
- eine kurze didaktisch-methodische Begründung
- ein übersichtlicher und klar gegliedeter Stundenverlauf (eine DIN-A4-Seite; möglichst als Verlaufsschema)

b) formal:

- sauber und ordentlich getippt und ausgedruckt
- in einer Klarsichthülle (nicht aufwändig mit Mappen)
- rechtzeitig (spätestens einen Tag vorher)
- bei ihm persönlich oder im Sekretariat abgeben (und dabei an den Termin erinnern)

Register

Die Ziffern beziehen sich auf die einzelnen Fragestellungen.